# Autoayuda para hombres

*Descubra su macho alfa interior y aumente tu autoconfianza, masculinidad, fortaleza mental, asertividad y autoestima*

© Copyright 2021

Todos los derechos reservados. Ninguna parte de este libro puede ser reproducida de ninguna forma sin el permiso escrito del autor. Los revisores pueden citar breves pasajes en las reseñas.

Descargo de responsabilidad: Ninguna parte de esta publicación puede ser reproducida o transmitida de ninguna forma o por ningún medio, mecánico o electrónico, incluyendo fotocopias o grabaciones, o por ningún sistema de almacenamiento y recuperación de información, o transmitida por correo electrónico sin permiso escrito del editor.

Si bien se ha hecho todo lo posible por verificar la información proporcionada en esta publicación, ni el autor ni el editor asumen responsabilidad alguna por los errores, omisiones o interpretaciones contrarias al tema aquí tratado.

Este libro es solo para fines de entretenimiento. Las opiniones expresadas son únicamente las del autor y no deben tomarse como instrucciones u órdenes de expertos. El lector es responsable de sus propias acciones.

La adhesión a todas las leyes y regulaciones aplicables, incluyendo las leyes internacionales, federales, estatales y locales que rigen la concesión de licencias profesionales, las prácticas comerciales, la publicidad y todos los demás aspectos de la realización de negocios en los EE. UU., Canadá, Reino Unido o cualquier otra jurisdicción es responsabilidad exclusiva del comprador o del lector.

Ni el autor ni el editor asumen responsabilidad alguna en nombre del comprador o lector de estos materiales. Cualquier desaire percibido de cualquier individuo u organización es puramente involuntario.

# Índice

**PRIMERA PARTE: AUTOCONFIANZA PARA HOMBRES** ........................ 1
**INTRODUCCIÓN** ............................................................................. 2
**PARTE 1: AUTOESTIMA** ................................................................. 5
**LA AUTOESTIMA Y POR QUÉ LA NECESITAS** .................................. 6
    Por qué necesitas autoestima ................................................... 7
    Consecuencias de la baja autoestima ....................................... 8
    Evaluando tu autoestima ........................................................... 9
    Determinando tu autoestima y personalidad ......................... 11
    Tu análisis de autoestima ........................................................ 12
**SUPERANDO LAS INSEGURIDADES Y LA DESCONFIANZA** ............ 14
    Causas de la desconfianza ...................................................... 15
    Efectos de la desconfianza ...................................................... 16
    Seis remedios efectivos para superar la desconfianza ........... 16
    Prueba de desconfianza ........................................................... 20
    Análisis de la prueba ............................................................... 20
**IMAGEN CORPORAL: ¿QUÉ TAN IMPORTANTE ES?** ..................... 21
    Sintiéndote bien con tu apariencia ......................................... 23
    ¿Cómo saber si tienes TDC? ................................................... 26
**¡INCLUSO LOS HOMBRES NECESITAN AMOR PROPIO!** ............... 28
    Trece hábitos a practicar para desarrollar el amor propio ..... 29
**TRECE HÁBITOS DE AUTOESTIMA PARA PRACTICAR DIARIAMENTE** ............................................................................. 35

## PARTE 2: AUTOCONFIANZA ........ 42
## AUTOESTIMA VS. AUTOCONFIANZA ........ 43
### Diez indicadores de confianza ........ 44
### Prueba de autoconfianza ........ 46
### La prioridad eres tú ........ 50
## QUINCE MANERAS PROBADAS DE AUMENTAR TU AUTOCONFIANZA ........ 52
## COMO UN JEFE: SEIS TRUCOS DE CONFIANZA EN EL TRABAJO ........ 59
### Los seis trucos de autoconfianza en el trabajo ........ 60
## CONFIANZA EN LAS CITAS: DOCE ESTRATEGIAS IRRESISTIBLES PARA CONQUISTARLA ........ 65
## DOMANDO TU EXCESO DE CONFIANZA ........ 75
### Diez hábitos necesarios para domar el exceso de confianza ........ 78
## PARTE 3: AUTODISCIPLINA ........ 81
## LA AUTODISCIPLINA Y SUS VALORES FUNDAMENTALES ........ 82
### Seis razones por las que necesitas autodisciplina ........ 84
### Por qué los hombres carecen de autodisciplina ........ 85
## LA MENTALIDAD IMPORTA: CAMBIANDO TUS CREENCIAS LIMITANTES ........ 88
### Tres malas mentalidades que debes evitar ........ 89
### Siete maneras para desarrollar la confianza con la mentalidad correcta ........ 91
### Autoevaluación de la mentalidad ........ 94
## LA FORTALEZA MENTAL: EL MÉTODO "CERO M*ERDA" ........ 96
### Habilidades que definen a un hombre mentalmente fuerte ........ 97
### Hábitos rutinarios de los hombres mentalmente duros ........ 99
## CINCO HÁBITOS DE AUTODISCIPLINA PARA LA MEJORA DIARIA ........ 103
### Metas de poder: Pensar a largo plazo para el éxito ........ 110
## BONO - LOS DIEZ MEJORES CONSEJOS PARA SER UN HOMBRE SEGURO ........ 116
## CONCLUSIÓN ........ 119

SEGUNDA PARTE: AUTOESTIMA PARA HOMBRES ........................ 122
INTRODUCCIÓN ................................................................. 123
PRIMERA PARTE: AUTOESTIMA ........................................ 124
CAPÍTULO 1: LA AUTOESTIMA EXPLICADA ..................... 125
CAPÍTULO 2: MIEDOS E INSEGURIDADES COMUNES QUE TIENEN LOS HOMBRES ..................................................... 134
CAPÍTULO 3: DUDAR DE SÍ MISMO; IDENTIFICANDO Y COMBATIENDO A SU PEOR ENEMIGO ............................. 141
CAPÍTULO 4: ANSIEDAD POR LA IMAGEN CORPORAL, Y CUATRO FORMAS PARA SUPERARLA ............................. 147
CAPÍTULO 5: CINCO MANERAS DE AUMENTAR SU AUTOESTIMA AHORA ...................................................... 154
SEGUNDA PARTE: HÁBITOS DE MACHO ALFA ............... 161
CAPÍTULO 6: EL PERFIL DEL MACHO ALFA .................... 162
CAPÍTULO 7: POR QUÉ LAS MUJERES PREFIEREN A LOS ALFAS ............................................................................... 169
CAPÍTULO 8: HÁBITO DE MACHO ALFA #1: CONFIANZA ............. 176
CAPÍTULO 9: HÁBITO DE MACHO ALFA #2: PERSISTENCIA .......... 184
CAPÍTULO 10: HABITO DE MACHO ALFA # 3: POSTURA ............... 190
CAPÍTULO 11: HÁBITO DE MACHO ALFA # 4: APARIENCIA FÍSICA ................................................................................ 195
CAPÍTULO 12: HÁBITO DE MACHO ALFA # 5: FORTALEZA MENTAL ............................................................................ 201
CAPÍTULO 13: HÁBITO DE MACHO ALFA # 6: CARISMA ............. 208
CAPÍTULO 14: HÁBITO DE MACHO ALFA # 7: PROPÓSITO ............ 214
CAPÍTULO 15: HÁBITO DE MACHO ALFA # 8: CUIDADO PERSONAL ........................................................................ 220
CAPÍTULO 16: ESTABLECER OBJETIVOS DE MACHO ALFA ......... 227
CONCLUSIÓN ................................................................... 233
FUENTES .......................................................................... 234

# Primera Parte: Autoconfianza para hombres

*Libera el león interior y ve cómo tu resistencia mental, autoestima, actitud mental, autodisciplina y vida de pareja se transforman*

# Introducción

No importa cuál sea tu origen, puedes desarrollar confianza en ti mismo. Este libro contiene estrategias probadas que te enseñarán cómo aumentar tu confianza, establecer una autoestima de por vida, conquistar las dudas y mejorar tu autodisciplina. Cuando termines de leer este libro, estas cosas ya no te detendrán. Creerás genuinamente en ti mismo, y alcanzarás tu máximo potencial.

La autoconfianza es una fuerza poderosa dentro de ti. Afecta a tu éxito en el trabajo, con tu familia y en las relaciones. El propósito de este libro es develar esta fuerza y presentártela de una manera concisa y fácil de comprender. Es adecuado para todos —de todas las edades, hombres, mujeres, entrenadores, empleados, estudiantes, adolescentes, y por supuesto, para ti.

Este libro te llevará por el camino de creer en ti mismo, que es el activo esencial que necesitas en tu vida. La riqueza y la fama no pueden sustituir a una pésima imagen de uno mismo. La falta de confianza siempre te frenará y no te permitirá alcanzar tus metas. Además, la baja autoestima a menudo lleva a divorcios, una paternidad horrible, problemas en las relaciones, abuso de drogas, desempleo, pobreza, etc. Si eres víctima de cualquiera de estos, entonces comprar este libro es lo más sabio que has hecho por ti. El impacto de las lecciones de este libro, si se siguen religiosamente, son permanentes y transformarán tu vida para siempre. Notarás un cambio tremendo en tu confianza en menos de dos meses.

A diferencia de otros libros similares, las estrategias de este libro son muy prácticas y han sido cuidadosamente estructuradas para ayudarte a desarrollar rápidamente tu confianza, autoestima y autodisciplina. Sin embargo, para beneficiarte de este libro, tendrás que hacer más que solo leerlo. Debes hacer los ejercicios propuestos en el libro. Por ejemplo, si se te pide que tomes un bolígrafo y papel para hacer algo, debes tomar un bolígrafo y papel y escribir como se te aconseja.

Aquí, usaremos métodos probados de terapia cognitiva-conductual para aumentar tu confianza cambiando la forma en que interpretas tu vida. Usaremos pasos sencillos para descubrir y analizar las declaraciones negativas que probablemente realizas. También te enseñaremos a crear nuevas metas en la vida y a hacer declaraciones positivas que fomenten tu autoestima, en lugar de debilitarla. Este libro te equipará con las habilidades necesarias para aplastar la duda y sustituirla por la confianza.

Este libro se centra enteramente en pasar a la acción. Contiene pasos y estrategias comprobadas sobre cómo identificar si la baja confianza en ti mismo te está perjudicando y te impide tener éxito en la vida. Desarrollar tu confianza requiere tomar medidas prácticas, además de cambiar tus creencias o practicar el pensamiento positivo.

Cada sección está dividida en capítulos fáciles de leer que contienen información, perspicacia, estudios de casos, inspiración y estrategias que garantizan una rápida transformación en tu vida.

Además de discutir consejos que te ayudarán a aumentar tu autoconfianza, se analizan más a fondo las diversas maneras de convertirse en un hombre mentalmente más fuerte. Este libro está lleno de técnicas teóricas y prácticas para desarrollar tu propia autoconfianza masculina.

Este libro puede ser usado como una guía de la cual puedes seleccionar las técnicas que mejor se adapten a ti. Esto significa que puedes desarrollar tu autoestima sin tener que leer el libro entero. Cada parte del libro se resume en capítulos concisos que te ayudarán a ir directamente a los temas específicos que te faltan y que deseas desarrollar o fortalecer.

Invertir en el desarrollo de tu autoconfianza es como invertir en toda tu vida, y comprar este libro es el primer paso. Me alegro de que hayas elegido invertir en ti mismo. Lee este libro a un ritmo que te permita absorber tanto contenido como sea posible. ¡Que comience el fantástico viaje!

# PARTE 1: Autoestima

# La autoestima y por qué la necesitas

En este capítulo, desentrañaremos lo que es la autoestima, sus causas, cómo superar la baja autoestima y explicaremos por qué la autoestima es importante en tu vida, con especial énfasis en los hombres.

Todo el mundo tiene autoestima, hombres y mujeres, adolescentes y jóvenes. Cada uno tiene una manera de mirarse a sí mismo. Por ejemplo, las personas felices tienden a tener una alta autoestima. Por otro lado, las personas que se enfrentan a problemas o al estrés probablemente tengan una baja autoestima. Además, algunas personas muestran una autoestima excesiva que impide sus relaciones con los demás. Tú te encuentras en una o más de estas categorías, y el primer paso para solucionar tus problemas de autoestima es reconocer cuáles.

La autoestima se define como la forma en que te valoras a ti mismo; es la forma en que percibes tu valor para el mundo y los demás a tu alrededor. En psicología, la autoestima se define como un sentido de autovaloración y reconocimiento personal. La autoestima define tu competencia en la gestión de lo que la vida te ofrece y define lo que se necesita para sentirse digno de la felicidad.

Hay una delgada línea entre la autoestima y la aceptación. La autoestima puede ser vista como algo interno, mientras que la aceptación es más sobre la percepción fuera de ti mismo. La autoestima puede desarrollarse a partir de cualquier número de fuentes, incluyendo:

- Tu autoevaluación.
- El apoyo y la aprobación de la familia o los padres.
- La aceptación de amigos, colegas y profesores.
- Cómo manejas los desafíos que se te presentan.

Si tienes una autoestima positiva, has dominado tu aceptación y sientes que eres valioso porque sientes que estás contribuyendo positivamente al mundo. La autoestima duradera y sólida se basa generalmente en tus cualidades inherentes y características únicas.

## Por qué necesitas autoestima

El desarrollo de una autoestima saludable te ayudará de muchas maneras, incluyendo:

- Cuando se produce una pérdida o una derrota, te recuperarás más rápido y estarás motivado para empezar de nuevo más rápido.
- Comprenderás que caer es inevitable, y que volver a ponerse de pie es más importante.
- Ayuda a desarrollar tu ego, que te ayudará a conseguir un trabajo, encontrar una relación o levantarte después de un fracaso.
- La autoestima positiva te ayuda a sanar más rápido. Te da la motivación para seguir luchando y enfrentar positivamente los desafíos que la vida te presenta.
- La autoestima positiva es la base de tu bienestar.
- Tu felicidad, tu resistencia psicológica y el impulso para vivir una vida productiva y saludable dependen de tu autoestima.

La autoestima es la creencia de que vales tanto como cualquier otra persona. No debes confundir la autoestima con el exceso de confianza, que puede ser una causa de fracaso en la vida.

En pocas palabras, creer en ti mismo es la clave para tener felicidad y éxito en tu vida. La autoestima se trata más de cómo te sientes sobre ti mismo como persona. Como muchos hombres, puedes basar tu autoestima en factores externos como la cantidad de dinero que ganas, lo que posees, tu apariencia o el número de amigos que tienes. Desafortunadamente, estos factores externos suelen cambiar, y esto está destinado a afectar tu autoestima.

Los ejercicios de este libro te ayudarán a captar la autoestima desde el interior, sintiéndote competente y seguro de cómo manejas los desafíos de la vida. Es la confianza en saber que puedes lograr tus metas y que estás satisfecho con quien eres.

## Consecuencias de la baja autoestima

Por el contrario, la baja autoestima suele provocar depresión, ansiedad, problemas de ira, dolor personal y otros problemas psicológicos angustiosos.

- La baja autoestima te llevará a exhibir poca o ninguna consideración por ti mismo; no te respetarás ni te admirarás a ti mismo.
- Demostrarás falta de confianza en ti mismo y, a su vez, te menospreciarás con pensamientos autolimitantes.

Identificar los efectos negativos de la baja autoestima en tu vida es el primer paso para darte cuenta de que necesitas hacer cambios en tu vida. Si sientes que tienes un bajo sentido de la autoestima, es importante reconocer los malos hábitos que te impiden alcanzar tus metas personales.

Si tienes una baja autoestima, sentirás que nada importa. Sentirás que estás solo, incluso cuando estás con amigos. La baja autoestima te hará sentir desconectado de los demás. Te hace pensar que la gente se está aprovechando de ti y que no te ven como una persona importante. Esto a menudo lleva a la abstinencia, ya que estarás agotado de tratar de hacer que la gente te aprecie, y por lo tanto terminarás renunciando a la vida misma. Si no se maneja a tiempo, se puede llegar a un punto en el que no se ve ninguna razón para levantarse por la mañana, porque sientes que nadie aprecia lo que haces y que ni siquiera les importa.

## Evaluando tu autoestima

Cuando necesitas medicamentos, debes presentar a la farmacia una receta antes de que te la den. Con la autoestima, debes ser capaz de evaluar tu situación actual. En esta prueba, se te pedirá que tomes un bolígrafo y un papel y que sigas las instrucciones.

Este ejercicio te ayudará a comprender lo que falta en tu vida, facilitando la búsqueda de los consejos en este libro que te ayudarán.

**Prueba de autoestima 1**

Escriba las respuestas a estas preguntas en un papel:

1. ¿Cuáles son las situaciones que te hacen sentir inferior o con un bajo sentido de autoestima? ¿Es cuando recibes críticas? ¿Es cuando no te sientes amado o cuando eres rechazado? Describe las situaciones en detalle.

2. ¿Qué pensamientos negativos tienes? ¿Te sientes a menudo triste? ¿O inferior, o celoso? Describe aquí todas las emociones negativas que afectan a tu autoestima y a tu confianza.

3. Cuando tienes una mentalidad negativa, ¿cómo manejas esa situación? ¿Te diriges a ti mismo con dureza o con respeto a ti mismo? Enumera algunos de los pensamientos negativos que te afectan.

4. ¿Cuál es la consecuencia de la baja autoestima? ¿Cómo afecta a tus relaciones?

5. Piensa en alguien que consideres honorable y digno. ¿Quién es esa persona? ¿Qué te hace considerarlo digno? Describe a la persona en detalle.

6. ¿Tienes demasiada confianza? Si es así, ¿en qué se diferencia de la arrogancia?

Este ejercicio te ayudará a identificar tu estado de autoestima. Descubrirás lo que afecta a tu autoestima; solo cuando puedas identificarlo podrás empezar a arreglarlo.

La autoestima te permite apreciarte a ti mismo. Los pensamientos y creencias negativas te impedirán alcanzar su potencial. La terapia cognitiva (TC) se ha utilizado en la psicología para ayudar a los hombres a reconocer y cambiar estos pensamientos negativos. La terapia cognitiva es una metodología muy investigada y es el tratamiento principal para la depresión.

Varios factores pueden influir en tu pensamiento. De hecho, las situaciones que experimentas en la vida pueden cambiar tu forma de pensar. Si, por ejemplo, has sufrido abusos sexuales o repetidamente, puedes llegar a pensar que has sido tratado como un objeto y puedes elegir serlo. Tu entorno social, compuesto por los medios de comunicación, los amigos y la familia, puede afectar a la forma en que piensas sobre las cosas y a la forma en que aprendes.

Aunque los eventos externos pueden influir en tu forma de pensar, la terapia cognitiva asume que eres responsable individualmente de los pensamientos que eliges. No puedes controlar la forma en que otros te tratan o perciben, pero sí puedes controlar cómo piensas y qué piensas.

De la discusión anterior, se puede ver que la autoestima es un concepto muy elusivo. Debes decidir qué es importante en tu vida y los pasos o acciones que necesitas tomar para lograr la autoestima.

# Determinando tu autoestima y personalidad

¿Alguna vez te has preguntado, "¿Quién soy yo?". Diversos estudios sugieren que tu verdadera autoestima se basa en quién eres cuando nadie te mira. Y la única persona que puede responder a esa pregunta eres tú. La verdadera autoestima es personal, profunda y complicada. Los psicólogos sugieren que puedes tener múltiples yos, pero, la mayoría de las veces, elegirás uno de esos yos y te centrarás en él.

La gente de fuera puede verte como un hombre muy brillante, joven y feliz. Mírate a ti mismo y pregúntate si esta es una descripción exacta de quién eres. El público puede tener una percepción errónea de quién eres. Esta es una percepción que has creado por la forma en que te muestras y te presenta al mundo exterior. Internamente, tu yo privado puede diferir significativamente de tu yo público. Puedes pretender ser algo que no eres solo para encajar, o al menos para evitar sobresalir.

Si tienes una alta autoestima, encontrarás la manera de mezclar tu yo público y privado para crear una estrecha asociación; de esta manera, los dos pueden complementarse para mejorar tu autoestima.

En la próxima prueba, usaré preguntas de autoestima para determinar tu personalidad. Establece si tienes una personalidad basada en la competencia o en el deseo. O si tienes las características de ambos tipos. Saca un bolígrafo y un papel y escribe honestamente las respuestas a las siguientes preguntas:

(Indica si es: "Verdadero", "Falso", o si estás "Indeciso").

7. Te sientes bien cuando terminas las tareas.
8. Tu autoestima aumenta cuando te pagan bien por el trabajo que haces.
9. Cuando tu vida personal entra en conflicto con tus obligaciones profesionales, normalmente priorizas tus responsabilidades profesionales.

10. No comprometes todo en tu vida.

11. Aunque aprecias que te digan que eres amado, prefieres que te consideren competente en lo que haces.

12. Cuando algo sale mal, tu primer pensamiento es cómo podrías haber estropeado las cosas.

13. No cancelas una tarea generadora de ingresos por compromisos sociales.

14. No te tomas el éxito en el amor a la ligera y siempre trabajas duro para sobresalir en lo que haces.

15. Normalmente te defines a ti mismo por lo que haces y no por lo mucho que les gustas a tus amigos y familiares.

16. Puedes lograr cosas cómodamente por ti mismo, incluyendo lujos como viajar y perseguir otros intereses.

17. No puedes manejar el ser competitivo cuando te enfrentas a situaciones extremas.

18. Aunque aprecias que te digan que eres un buen tipo, prefieres que te consideren inteligente.

## Tu análisis de autoestima

Después de responder a las 12 preguntas anteriores, suma tus respuestas "Verdaderas", seguidas de tus respuestas "Falsas", y por último, las respuestas "Indecisas". Escribe las puntuaciones en la hoja de papel.

Si por casualidad respondiste "Verdadero" más que "Falso":

✔ Significa que basas lo que sientes sobre ti mismo en lo competente que eres.

✔ Te defines a ti mismo por las tareas que manejas, y te preocupas más por ser capaz de manejar estas tareas que por ser independiente.

Si por casualidad respondiste más preguntas con "Falso" que con las otras dos opciones:

✔ Significa que basas tus sentimientos hacia ti mismo en tus deseos.

✔ No te preocupa en absoluto lo que haces.

✔ Te gusta ser querido y ser visto como la persona adecuada para manejar las tareas.

Si tienes muchas respuestas "indecisas":

✔ Significa que tienes una alta competencia y deseabilidad.

✔ Prefieres ser competente y querido al mismo tiempo.

✔ Es probable que estés estresado, ya que tanto el desempeño como las cuestiones interpersonales te harán dudar de ti mismo.

Por lo tanto, esta prueba muestra que la autoestima es una combinación de autoconfianza y respeto por uno mismo. Tu necesidad de autoestima es tu necesidad de saber que las elecciones que haces son apropiadas para tu vida y bienestar. Dado que debes seleccionar tus metas y acciones, tu sentido de eficacia y seguridad requiere la creencia de que tienes razón en tu método de elegir y tomar decisiones. La autoconfianza, por otro lado, es lo dependiente que eres de tu mente como herramienta cognitiva. No significa que no puedas cometer errores, sino que es la creencia de que puedes pensar y juzgar correctamente.

# Superando las inseguridades y la desconfianza

La desconfianza es un sentimiento que tienes sobre tus propias habilidades o acciones. Esto significa que la duda no es solo acerca de tus sentimientos presentes, sino que se correlaciona con tu pasado. Esto puede causar que digas, "Nunca he sido bueno haciendo esto y aquello, así que ¿por qué debería molestarme en intentarlo?".

La duda es un aspecto crítico de la vida, pero cuando la tienes en exceso, afectará drásticamente a tu confianza e interferirá con tu capacidad para establecer y trabajar hacia tus objetivos clave. La duda afectará a todos los aspectos de tu vida, desde el trabajo hasta el ocio y las actividades domésticas, pasando por las relaciones. Las inseguridades personales limitan la acción afirmativa y causan angustia, miseria y evasión.

Junto con el miedo —especialmente el miedo al fracaso—, la desconfianza sobre uno mismo tiene el mismo efecto que puede tener cuando se intenta algo nuevo; por ejemplo, salir en una primera cita, aprender a nadar, practicar paracaidismo o incluso esquiar.

La desconfianza en uno mismo puede hacer que te conviertas en tu peor enemigo. Ser inseguro aplastará por completo tu confianza. Los hombres rara vez atribuyen la insuficiencia a la desconfianza, pero tu estado de ánimo, acción, excitación y motivación se ven directamente afectados por tu sensación de seguridad. Un hombre financieramente inseguro exhibirá una baja autoestima y una falta de confianza.

La desconfianza puede causar una disminución en tu rendimiento y que trabajes por debajo de tu potencial real. Las inseguridades te harán sentir que no estás preparado o capacitado para manejar una tarea en particular, cuando, en el sentido real, estás bien equipado para manejar los desafíos que se te presentan.

Esta sección te ayudará a reconocer la desconfianza y a comprender cómo esta moldea tu perspectiva del mundo y, en consecuencia, tus sentimientos y respuestas.

## Causas de la desconfianza

Hay muchos acontecimientos que pueden ocurrir en tu vida que te llevarán a dudar de ti mismo o de tus capacidades. Pero las causas más frecuentes de la desconfianza o la inseguridad incluyen:

- La gente que te mira con desprecio —esto ocurre a menudo cuando tus amigos o familiares te ignoran o socavan tu contribución en las actividades en las que crees que deberían haberte consultado. A veces los amigos se dan por vencidos; pueden decir que no eres lo suficientemente bueno para la tarea en cuestión.
- Bajo rendimiento —esto ocurre cuando te desempeñas por debajo de los estándares requeridos. Puede llevarte a dudar de tu capacidad para realizar tareas críticas.
- Fracasos históricos —los fracasos del pasado te harán temer ciertas actividades en las que crees que fracasarás solo porque no tuviste éxito en el pasado.

- Objetivos no alcanzados —puede que no consigas alcanzar tus objetivos; desanimado por el miedo, o si has fracasado en el pasado y piensas que no debes volver a intentarlo.

## Efectos de la desconfianza

La desconfianza afectará negativamente a tu rendimiento y, al mismo tiempo, te limitará en la conquista de tus objetivos. La duda en sí misma te llevará a:

- Poco o ningún impulso para alcanzar tus objetivos.
- Limitará tu éxito en la vida. El éxito en la vida requiere confianza y la creencia de que puedes manejar los desafíos que se te presentan en cualquier momento.
- La duda te llevará a tener poco o ningún sentido de realización. Para llevar una vida satisfactoria, necesitas confianza en ti mismo y la satisfacción de que tus amigos y parientes confíen en tus habilidades.

Como se ha destacado en el análisis anterior, las inseguridades y las dudas sobre uno mismo constituyen una preocupación importante, e inhiben tu capacidad para afrontar los desafíos de la vida y alcanzar tu máximo potencial. Por lo tanto, es necesario encontrar formas eficaces de superar las dudas. Ahora surge la pregunta, ¿cómo debes superar las dudas e inseguridades?

## Seis remedios efectivos para superar la desconfianza

Para conquistar la desconfianza, debes desarrollar hábitos que te empujen a ver el panorama general y a tener el control de tu vida. Hay varias maneras de superar la desconfianza, y a continuación encontrarás seis medios efectivos para superar la desconfianza:

1. **Reconoce tus capacidades.** Se supone que no debes jugar siempre a lo seguro y perseguir los frutos que cuelgan. Debes esforzarte por lograr más de lo que crees que puedes manejar. Desde la infancia, se te entrena para seguir normas específicas y

para creer de forma realista. Pero este enfoque puede, al mismo tiempo, ser limitante; te desalentará a la hora de afrontar nuevos retos.

**2. No hagas caso de las voces negativas que hay en tu interior.** El adagio "no escuches el mal" tiene sentido aquí. Cuando cierras tus oídos a las voces negativas, lograrás más y superarás las expectativas. Los puntos de vista negativos afectarán tu motivación para lograr tus objetivos. La sociedad puede enviarte señales negativas. Por ejemplo, puede influir en ti para que dejes de perseguir un objetivo en particular. Estas voces negativas deben "caer en oídos sordos" para que puedas lograr tus objetivos sin limitar los pensamientos. Deberías defender lo que crees que es correcto. Cíñete a tus objetivos y deseos. Si haces esto, es más probable que te retires como un hombre feliz porque no te arrepentirás de lo que no has hecho en el pasado. Tendrás poco o ningún "asunto pendiente".

**3. Ten tu grupo de apoyo.** Toma el ejemplo de Nick Vujicic. Vujicic nació sin brazos ni piernas y es considerado un guerrero cuando se trata de confianza y dudas. Ha vencido todas las probabilidades haciendo casi todo, desde nadar, hasta cocinar y bailar, entre otros. Nick Vujicic hace todo lo que un ser humano promedio hace. Actualmente motiva a la gente a través de su organización llamada "Vida sin miembros".

Nick Vujicic motiva a hombres y mujeres que nacen con la misma condición. Para lograr todo esto, ha recibido gran ayuda y asistencia de su grupo de apoyo. Estas son las personas que lo animan y ayudan a seguir adelante en la vida. Pueden ser amigos, familiares, patrocinadores, organizaciones y sociedades que creen que su causa para transformar a las personas es digna. Los padres de Nick Vujicic nunca se rindieron con él. Sus padres lo animaron a intentarlo todo, porque pensaron que nunca sabría lo que puede y lo que no puede hacer si no lo intenta.

Con esa afirmación positiva y el apoyo de sus padres, Vujicic aprendió a pescar, nadar, hacer snowboard, bañarse y vivir de forma independiente. Vujicic estaba decidido a no ser una carga para nadie, ni siquiera para su esposa, Kanae. La esposa de Vujicic, Kanae, le da un excelente apoyo en las buenas y en las malas. Ahora tienen una familia encantadora juntos.

Los hombres a menudo necesitan un grupo de apoyo para levantar el ánimo todos los días. Estas son las personas que se preocupan por ti, y te harán sentir mejor cuando las cosas vayan mal. El consejo y el asesoramiento de estas personas importan mucho en tus decisiones y, como resultado, afecta directamente a tu confianza y autoestima.

**4. Sé modesto y siempre dispuesto a aprender.** El ego puede hacer que no logres lo suficiente o que logres demasiado. Es el ego el que te mantiene bajo control. Como dice la tercera ley de movimiento de Newton: por cada acción, siempre hay una reacción igual y opuesta. Por lo tanto, un ego demasiado inflado puede parecer bueno al principio. Puede que te diviertas presumiendo, fanfarroneando y despreciando a tus compañeros. Pero cuando las situaciones cambian y fallas en una cosa u otra, la experiencia será muy traumática. Te estrellarás y puede que te lleve más tiempo recuperarte.

Es por esto que se te anima a tener una humildad de primer orden. Ser humilde está estrechamente relacionado con la desconfianza. La humildad es un rasgo bienvenido por muchas personas. Es el rasgo que te ayudará a tomar decisiones con calma durante los altibajos de la vida. Solo tendrás éxito en la vida si pones tus objetivos generales por encima del deseo de ser reconocido.

Además, debes tener sed de conocimiento. Debes estar dispuesto a aprender cosas nuevas. Como resultado, terminarás haciendo muchas cosas, y estos éxitos te ayudarán a aumentar tu confianza en ti mismo. En cualquier momento de esta vida, siempre que estés sano, habrá más que aprender y mucho más que mejorar.

**5. Esfuérzate por batir tu récord a diario.** Si tienes éxito, siempre te esforzarás por batir tus logros anteriores, en lugar de batir los de otras personas. Es perjudicial compararse con otras personas. En la vida, nuestros destinos y esfuerzos varían mucho. Tú tienes tu propio tiempo para tener éxito, tus propias metas y tu propia visión de la vida.

Algunas personas serán afortunadas. La suerte es un factor enorme que a menudo es subestimado por muchos. Pero los humanos fallan de muchas maneras. Puedes encontrar a la persona o pareja equivocada en la vida, llevándolos contigo por el camino del fracaso. El camino al éxito es único para cada ser humano. No puedes copiar el éxito de otra persona y hacerlo tuyo. No funciona de esa manera.

Es crucial evaluar tus capacidades y establecer objetivos prácticos para ti mismo. Esto es porque, si te esfuerzas por convertirte en el próximo Bill Gates, tu viaje se verá empañado por la desconfianza en ti mismo porque tu meta no es realista, y eventualmente te decepcionarás.

**6. Siempre trabaja duro.** La realidad de la vida es que no todo el mundo tendrá el suficiente talento o la capacidad de tener éxito en un campo específico. Pero una vez que aceptes esto de ti mismo, podrás tener confianza, paciencia y perseverancia para ayudarte en tus logros.

Trabajar duro implica poner un poco más de esfuerzo continuamente con el objetivo final en mente. Haciendo esto, te estarás aislando de la duda porque siempre tendrás el deseo de seguir intentándolo constantemente. Como Thomas Edison dijo una vez, "no debemos llamarlo un fracaso, sino que son solo 10.000 formas que no funcionan". Sigue trabajando duro, y recuerda que los defectos del mundo superan a los éxitos. Solo si tienes la fuerza de voluntad para superar tus fracasos tendrás éxito. No debes permitir que haya espacio en tu mente para la duda. Siempre tienes que estar decidido a subir, sin dejar que las voces negativas u otras personas te hagan caer.

## Prueba de desconfianza

Cuando estás a punto de enfrentarte a un desafío en la vida, y piensas que tu inseguridad y tus dudas pueden hacerte caer, es importante hacer una prueba de autoconfianza que te ayudará a identificar las áreas en las que debes estar alerta. Necesitarás un bolígrafo y un papel para hacer esta prueba. Esta es una simple prueba de "Sí" o "No" que te ayudará a descubrir lo que está limitando tus capacidades. Marca "Sí" o "No":

Imagina que te ofrecieron un trabajo en la empresa de tus sueños. Has estado luchando durante años para tener esta oportunidad, y ahora se ha presentado. Haz esta prueba en lo que imaginas que es el día de la entrevista. También puedes hacer esta prueba antes de una entrevista de trabajo real, o un nuevo trabajo.

- ¿Tienes las habilidades necesarias para hacer este trabajo? _Sí. _No
- ¿Tu empleo anterior te preparó para este nuevo trabajo? _Sí. _No
- Captas rápidamente los nuevos conceptos. _Sí. _No
- Siempre haces preguntas cuando necesitas ayuda. _Sí. _No
- Cuando te enfrentas a un desafío, siempre lo superas. _Sí. _No
- Estás tranquilo incluso en situaciones tensas. _Sí. _No
- Puedes manejar este trabajo. _Sí. _No

## Análisis de la prueba

¿Cuántas preguntas respondiste "Sí" a lo anterior? Si tu respuesta a por lo menos cinco preguntas fue "Sí", entonces está en el mejor estado mental para enfrentar el trabajo. Significa que eres capaz de manejar las responsabilidades del trabajo. Por lo tanto, no debes dudar de tu capacidad para manejar la tarea en cuestión. Ve con la mente clara de que brillarás en el trabajo.

Si has respondido "Sí" a menos de cinco preguntas, significa que tienes alguna duda. Significa que dudas de tu capacidad para manejar las tareas que el trabajo requiere que manejes. La desconfianza en ti mismo generalmente te lleva a hacerte preguntas poco realistas y puede impedirte lograr lo que estás capacitado para lograr. En este caso, debes tratar de reafirmarte, porque si esta es tu área de especialización, debes ser capaz de manejar la situación en cuestión.

De la prueba anterior, podemos ver que hay una delgada línea entre las preocupaciones realistas y las dudas. Significa que puedes estresarte y menospreciarte, simplemente porque dudas de ti mismo. Identificar esta duda es el primer paso en tu viaje hacia el éxito.

# Imagen corporal: ¿Qué tan importante es?

¿Qué piensas de tu imagen corporal? ¿Te gusta? ¿Desearías que fuera de alguna manera diferente? Si es así, entonces no estás solo: a mucha gente no le gusta la forma en que su cuerpo está estructurado.

Lo más probable es que te hayas visto en el espejo y hayas pensado que te ves gordo o demasiado delgado. Has enfatizado los defectos de tu cara, pensando que la nariz es demasiado grande, los labios demasiado pequeños o demasiado grandes, y así sucesivamente. Estas afirmaciones negativas te menosprecian. Los hombres siempre se miran los hombros y piensan que no son lo suficientemente robustos, o que su estómago está abultado, o creen que no son lo suficientemente varoniles. Los hombres se preocupan tanto por la apariencia como las mujeres. La imagen corporal es algo con lo que todo ser humano tiene que lidiar.

Tu imagen corporal es tu aspecto natural. Comprende cómo te ves, cuánto pesas, si eres alto, bajo, etc. Tu autoestima afectará a la forma en que ves tu propio cuerpo y cómo te enfrentas a los asuntos de imagen corporal. Cuando tienes baja autoestima, significa que ves tu cuerpo de forma negativa. Cuando te miras en el espejo todos los días, todo lo que ves son defectos, y a menudo señalas todo lo que piensas que está mal en tu cuerpo.

Esto puede llevarte a ignorar las cosas que puedes hacer para verte mejor, como comer sano, hacer ejercicio con regularidad y vestirte bien. La baja autoestima puede hacer que odies tu cuerpo, y puedes terminar no mirándote en el espejo.

El menosprecio por ti mismo y por el aspecto de tu cuerpo puede llevarte a hábitos destructivos como el hambre, la anorexia, el comer compulsivamente y, a veces, la bulimia. Estas prácticas pueden ser mortales si no se tratan a tiempo. Y a medida que envejeces, los cambios en tu cuerpo se vuelven aún más desafiantes.

A partir de la explicación anterior, notarás que la imagen corporal tiene mucho que ver con la forma en que te relacionas con tu cuerpo. Es tu relación con tu cuerpo, la forma en que piensas y sientes acerca de ti mismo y tu visión de lo que es ser guapo. En esta sección, exploraremos cómo te relacionas con tu cuerpo y cuán importante es esto para tu autoestima. Es posible mirarte a ti mismo de forma positiva y amar tu imagen corporal.

La imagen de tu cuerpo es como te ves a ti mismo en tu mente. Como hombre, a menudo puedes subestimar el tamaño de tu cuerpo y tu masculinidad. Si no estás satisfecho con tu imagen corporal, te hará infeliz toda tu vida. Cambiar tu imagen corporal puede ser un esfuerzo frustrante y decepcionante.

Recuerda, sentirte bien con tu aspecto tiene mucho que ver con otras cosas además de tu peso y tu forma corporal. Los hombres siempre se preocupan por su apariencia, aunque existe la percepción de que las mujeres son más expresivas sobre su apariencia e invierten una cantidad significativa de tiempo y dinero en mejorar su apariencia en un momento dado. Este libro verá la imagen del cuerpo en un sentido más amplio. El viaje hacia la aceptación de cómo te ves puede ser un desafío. Pero esta sección explorará las estrategias necesarias para mejorar tu autoconfianza aceptando primero tu imagen corporal, cómo te ves y cómo deseas que los demás te perciban.

## Sintiéndote bien con tu apariencia

Usemos el ejemplo de "Pablo", para el efecto, tú eres Pablo. Eres un abogado inteligente y atractivo. Has logrado mucho en tu vida y tus compañeros de trabajo te aprecian. Pero siempre estás solo en casa cuando se trata de asistir a fiestas y noches de cine. Cuando te preguntan, dices que has estado muy ocupado para socializar últimamente. Pero la verdad es que tienes miedo de conocer gente nueva; y peor aún, tienes miedo de conocer y hablar con las damas.

Tienes unas entradas en la cabellera que te hace pensar que no le gustarás a nadie de esa manera. Normalmente evitas invitar a las damas a salir a menos que te empujen tus amigos. Incluso cuando estás en una cita, no te concentras en la conversación porque siempre estás pensando que la dama está mirando tu cabello. Miras las entradas en la cabellera como calvicie, una característica única que tus compañeros no tienen. Tus dudas se arrastran a tu trabajo, y empiezas a faltar a las citas con tus colegas.

En este ejemplo, vemos la imagen corporal como una visión interna personal de tu cuerpo exterior. Es la forma en que percibes tu propio cuerpo y tu apariencia general. La forma en que apareces de verdad tiene poca relación con tu sentido de atracción. Cuando un hombre es guapo, esto no garantiza la imagen corporal correcta. Puedes ser atractivo, pero aun así estar insatisfecho con tu apariencia. Se te puede decir varias veces que te ves bien, pero te ves a ti mismo bajo una luz completamente diferente.

### ¿Por qué te ves diferente?

La imagen corporal tiene mucho que ver con la forma en que te ves a ti mismo. Una mala imagen corporal se centrará en las partes del cuerpo que odias, y olvidarás las que te resultan atractivas. En consecuencia, puedes tener una visión distorsionada de ti mismo. Puede que estés preocupado por el tono de tu piel, y nunca prestes atención a tu propia sonrisa atractiva, una característica que la gente ve rápidamente la primera vez que te conocen.

La imagen de tu cuerpo afectará a tu forma de ser:

1. Piensa;
2. Siente; y
3. Actúa.

Una imagen corporal negativa hará que te sientas insatisfecho contigo mismo, y terminarás perdiendo el tiempo preocupándote por ti. Puede hacerte sentir inadecuado y frustrado. Por el contrario, la imagen corporal correcta te hace más seguro de ti mismo, aumenta tu autoestima y terminas gustándote más.

Una imagen corporal adversa hará que te castigues por tus pequeños defectos. Te hace monitorear tu entorno con atención para buscar pistas que se relacionen con tu apariencia. Esto te hace muy sensible cuando hay gente a tu alrededor, y más aún cuando alguien comenta tu apariencia. Esto te hará sentir muy inseguro, ansioso en las situaciones sociales, y evitarás algunas cosas, ya que te hacen sentir incómodo. Te hace sentir menos masculino, lo que, a su vez, reducirá tu placer sexual, y eso puede llevar a que también se vea afectada tu autoestima.

Una imagen corporal negativa te hace sentir que eres una persona menos deseable, y te hará sentir desanimado sobre tu futuro. A veces, esto puede hacer que te quedes todo el día en casa, ya que no quieres que la gente te mire. Puede hacer que te compares con personas que consideras más atractivas y por lo tanto te hará gastar mucho tiempo y esfuerzo tratando de mejorar tu apariencia. Este hábito, sentimiento y comportamiento te hará fracasar o sentirte inferior. Cuanto más te sientas insatisfecho con tu apariencia, más tiempo permanecerá esa sensación y, por lo tanto, es más probable que sufras como resultado.

Para manejar una imagen corporal negativa, considera que no estás solo en este mundo. Sí, estás hecho de manera única, pero eso no significa que ninguna otra persona comparta tus rasgos peculiares. Mucha gente está insatisfecha con su aspecto. Esto a menudo aumenta en alguna etapa de la vida como la pubertad y la adolescencia o la madurez. En esta etapa, puedes volverte sensible al aspecto de tu cabello, tu piel e incluso tu ropa.

### ¿Qué es un aspecto natural?

Si te preocupa tu aspecto, es mejor que intentes eliminar la preocupación por la normalidad y, en su lugar, examines el impacto de esas mismas preocupaciones en tu propia vida. El descontento con tu apariencia debe manejarse con cuidado, ya que puede terminar afectándote severamente. Pensar en la apariencia puede afectarte todo el día, dejándote pegado al espejo y preocupado por no verte bien.

El factor crítico aquí es cuán preocupado estás con tu apariencia y cómo está afectando tu vida. Hay una delgada línea entre tener una perspectiva saludable y una no saludable, especialmente en una sociedad que está llena de personas que insatisfechas con su apariencia.

Es difícil decidir si la angustia y el deterioro, como resultado de las dudas sobre la apariencia, deben considerarse normales, o si deben clasificarse como una enfermedad psiquiátrica. Las preocupaciones severas sobre la apariencia son también un signo de algunos trastornos mentales. Por lo tanto, el Trastorno Dismórfico Corporal (TDC) debe ser diagnosticado por un especialista que comprenda las diferencias. Si tienes anorexia nerviosa, por ejemplo, siempre te preocupas por tu aspecto, pero la anorexia suele estar asociada a hábitos alimentarios muy alterados, y la preocupación por el aspecto físico se centra totalmente en el peso.

Los síntomas del TDC a menudo se asemejan a los de otros trastornos, lo que puede provocar fácilmente un diagnóstico y un tratamiento erróneos.

El TDC generalmente comienza durante la adolescencia. Se vuelve crónico, incluso dura más tiempo sin mejorar. El TDC es más frecuente en los hombres en comparación con las mujeres.

## ¿Cómo saber si tienes TDC?

Es crucial tener una idea de la gravedad del problema antes de abordarlo. Por lo tanto, el siguiente examen puede darte pistas sobre si tienes TDC o no. Sin embargo, este diagnóstico solo puede ser realizado por un profesional calificado. Este libro solo te ofrecerá una guía para identificar las señales y síntomas del TDC.

En caso de que respondas "Sí" a todas las preguntas, tu problema no está relacionado con los malos hábitos alimenticios, sino que puedes estar sufriendo de TDC. Cuando tu TDC es extremadamente angustiante o perjudicial, debes visitar a un médico. Del mismo modo, si dudas de tu capacidad para utilizar la autoayuda, considera la posibilidad de contratar a un psiquiatra cualificado con experiencia en el manejo del TDC. Este es un desorden sensible y a menudo mal manejado por personas que no tienen una idea clara de cómo debe ser tratado.

**Signos de TDC**

Responde a las siguientes preguntas honestamente. Estas preguntas darán pistas sobre si estás afectado por el TDC o no.

1. ¿Odias tu aspecto?
2. ¿Piensas en tu aspecto durante más de tres horas al día?
3. ¿Consideras que tu preocupación por tu apariencia es excesiva, o te han dicho que te ves hermoso o apuesto y que te preocupas demasiado por tu apariencia?
4. ¿Te involucras en actividades con la intención de ocultar o arreglar tu apariencia? Por ejemplo, mirarte al espejo, compararte con otras personas, y conductas de aseo excesivo.

5. ¿Evitas lugares, personas o actividades solo por tu apariencia? Por ejemplo, ¿te mantienes alejado de las luces brillantes o evitas los espejos, las citas o las grandes fiestas?

6. ¿Tus pensamientos o hábitos relacionados con la apariencia te causan ansiedad, tristeza o vergüenza?

7. ¿Tienes dificultades en el trabajo, la escuela, los vecinos, la familia o los amigos debido a tu preocupación por tu apariencia?

**La depresión como signo de TDC**

Todo el mundo se siente deprimido a veces, eso es normal. Pero en caso de que tu depresión dure más tiempo y cause angustia, puede que tengas un problema que necesite una acción urgente. Si sospechas que sufres de depresión, echa un vistazo a estos síntomas:

- Sentirte siempre deprimido, infeliz y de mal humor: durante muchas semanas, a veces más tiempo.
- Disminución del deseo de dedicarte a tus hobbies y actividades de ocio.
- Sentirte cansado y con poca energía, a pesar de la falta de actividad.
- Aumento o reducción del apetito, con notable aumento o pérdida de peso.
- Dificultad para dormir, despertarte demasiado temprano por la mañana o dormir más de lo habitual.
- Sentirte lento, inquieto o agitado, disminución de la capacidad de tomar decisiones o dificultad para concentrarse.
- Sentirte inútil, culpable o desesperado.
- Pensamientos excesivos de suicidio o muerte.

Más del 75% de las personas con TDC muestran signos de depresión. Por lo tanto, si te han diagnosticado TDC o crees que lo tienes, y también estás experimentando algunos de los síntomas anteriores, busca la ayuda de un profesional.

# ¡Incluso los hombres necesitan amor propio!

A menudo se interpreta erróneamente que solo las mujeres deben tener un excesivo amor propio. Esta es una suposición errónea porque los hombres también deberían amarse a sí mismos. Los hombres son conocidos por ser desinteresados y a menudo no se preocupan mucho por ellos mismos. Pero últimamente, esto está cambiando, y más y más hombres están desarrollando el amor propio.

Amarte a ti mismo es un desafío que emana de tus sentimientos personales de insuficiencia. Más y más hombres deberían ser desafiados a amarse a sí mismos como una forma de empoderarlos para enfrentar los pensamientos negativos que a menudo albergan. Una vez que se manejan los pensamientos negativos, normalmente se empieza a pasar a una experiencia positiva con toda la mente y el cuerpo.

Cuando tienes una creencia limitante o una actitud negativa hacia ti mismo, siempre estarás agobiado por tu negatividad. Una vez que te trates con amor, respeto y cuidado personal, crecerás y brillarás de verdad, tratando a los demás de la misma manera.

Todos hemos aprendido que amar a los demás es algo bueno, y nos olvidamos de amarnos a nosotros mismos, aunque amarse a uno mismo nunca se ha considerado un gran problema. Pero, ¿por qué es esto?

Puede ser una suposición de que automáticamente te amas a ti mismo. Por lo tanto, el único amor en el que se supone que debes trabajar es en tu amor por los demás. Al hacerlo, las cosas que afectan a los individuos como el estrés y la depresión no se abordarán a tiempo.

Muchos hombres no saben cómo practicar el amor propio. Y puede que incluso ofensiva e inapropiadamente compares el amor propio con ser "gay" o "marica". Pero el amor propio es tan importante para los hombres como para las mujeres. Para desarrollar el amor propio, debes formar hábitos; hábitos positivos que aumenten tu autoestima. En esta sección, discutiremos los hábitos que debes desarrollar para practicar el amor propio. Hay muchas maneras de practicar el amor propio para los hombres, pero nos centraremos en los trece hábitos más importantes.

# Trece hábitos a practicar para desarrollar el amor propio

### 1. Tómate una foto y guárdala en tu teléfono.

Los hombres a menudo consideran que tomar una "selfie" es algo femenino. Para aumentar tu autoestima, es esencial mirarse repetidamente y afirmarse. Hay mucha presión en el mundo para verse bien. ¿Cuántas fotos te tomas y luego las borras antes de publicar lo que consideras la foto perfecta en las redes sociales?

Debes creer que siempre te ves bien, y afirmarte independientemente de lo que consideras un defecto. Por lo tanto, toma una foto de ti mismo, no importa cuán robusto te veas, mírala, y deja que se quede estratégicamente en tu teléfono. Si te gusta tanto, adelante y compártela en las redes sociales de tu elección. Esta acción multiplicará por diez tu amor propio.

También puedes hacer una mini sesión de fotos con un amigo o un familiar. Esto hará que el modelo que llevas dentro salga. Sé tonto y sensual a veces. Permítete ser libre y ser la estrella por un momento, date cuenta que puedes expresarte de cualquier manera que desees en este mundo.

### 2. Mírate en el espejo y aprecia lo que te gusta de ti mismo.

Este ejercicio puede ser un desafío porque tu instinto será escoger primero lo negativo de ti mismo. Necesitas alejar esa voz negativa, aunque sea brevemente. Practica esto diariamente para permitir que los pensamientos positivos prevalezcan; intenta afirmaciones positivas y decir cosas como: "Mi nariz se ve muy bien". Intenta encontrar lo positivo, y eventualmente tendrás una perspectiva diferente de todo.

### 3. Haz una lista de lo que te gusta en los demás.

Si trabajas duro y haces feliz a los demás, automáticamente serás amado por la sociedad, la familia y los amigos. Esto aumentará tu autoestima y, a su vez, hará que te ames más y más. Tal logro está destinado a aumentar tu confianza en ti mismo y tus sentimientos de autoestima. Cuando otras personas aprecien lo que haces por ellas, sentirás que eres digno de estar en el mundo y que estás contribuyendo a una causa digna. Piensa en los atributos que amas en la gente que te rodea, y celébralos, haciéndolos sentir valorados y apreciados.

Cuando practiques hacer esto a menudo, serás un imán para la gente, y toda la comunidad te apreciará y deseará estar a tu alrededor o copiar lo que estás haciendo. Así, cuando te amas a ti mismo, los demás automáticamente lo entenderán y te amarán aún más. Practicar esto con regularidad te ayudará a descubrir el tipo de persona que te gustaría ser.

### 4. Lee un libro o un poema.

La lectura es una conexión íntima con los pensamientos, gustos y temas que el autor ama. Cuando practiques la lectura de libros de autoayuda regularmente, te ayudará a aumentar tu autoestima. La poesía tiene el poder de hacer que la gente se sienta especial. Los poemas de amor pueden ser tranquilizadores o tristes. A veces, los poemas serán floridos y muy hermosos, y a veces irán directamente al grano. Los poemas abren a la gente al amor. Leer un poema o un libro romántico equivale a enamorarse y estar en el mundo del autor, y la lectura puede darte nuevas perspectivas de la vida y ayudarte a "ponerte en los zapatos de otro", lo que puede desarrollar la compasión por ti mismo y por los demás.

### 5. Ámate a ti mismo - abrázate y di que te amas a ti mismo.

Cuando te amas a ti mismo, otras personas te amarán. El mundo resonará a tu alrededor en la frecuencia que te ajustes. Si eres positivo sobre ti mismo y tus compañeros, familia y amigos, el mundo responderá con positividad también. Abrazarte a ti mismo puede parecer una tontería. Pero ese pequeño momento aumentará tu autoestima diez veces. Nunca tengas miedo de mostrarte afecto. Cuando te ames a ti mismo, recordarás que también debes tratar a los demás como te tratarías a ti mismo. Eso es con honestidad y cuidado. Cuando te amas mucho a ti mismo, abres ventanas para que ames a los demás.

### 6. Lleva un diario de tus recientes logros.

Debes desarrollar el hábito de registrar o documentar tus logros. Por ejemplo, toma un bolígrafo y papel y escribe lo que has logrado en el último día, seguido de la semana, y luego todo el mes anterior. Registra tus logros en el papel. A veces esto puede motivarte, pero otras veces puede dejarte sin valor, especialmente si no has logrado nada en el pasado. Cuando hagas esto, serás capaz de organizar tus tareas pendientes y sabrás cuánto tiempo te has retrasado. En definitiva, el marcar los acontecimientos ayuda a planificar mejor el futuro.

### 7. Huye de la negatividad.

Los pensamientos negativos surgen por lo que regularmente alimentamos nuestras mentes. Si alimentas continuamente tu cerebro con creencias limitantes, se convertirá en parte de ti, y se manifestará en tu desempeño pobre y en la reducción de la confianza en ti mismo, ya que tu ego ya habrá sido dañado. También debes evitar los artilugios dañinos y las piezas de tecnología para alimentar el pensamiento positivo. Deberías dejar de seguir y salir de blogs y sitios de redes sociales que no agregan valor a tu vida. Deberías dedicar tu tiempo a cosas importantes. Únete a sitios de redes sociales y sitios web que aplauden a sus miembros y los elevan en lugar de agobiarlos.

### 8. Ordena tu vida.

Revisa tu armario y regala todo lo que no necesites. Al hacerlo, tu autoestima aumentará. Esto es porque desarrollarás un sentimiento interno de haber logrado algo, como ayudar a una persona necesitada. Puede que hayas desarrollado el hábito de guardar cosas en tu casa, cosas que raramente usas. Esto es como llevar un peso muerto que no es necesario, una carga que puedes descargar, y seguirás viviendo bien. Todo esto significa que debes reducir el peso muerto y dejar solo la ropa que te queda perfectamente y que todavía está en buenas condiciones.

### 9. Rodéate de gente positiva.

Esto puede ser un desafío que probablemente te resulte difícil. Es algo muy sensible, y es probable herir los sentimientos de alguien en el proceso. Y tú no eres una excepción, ya que los sentimientos heridos pueden ser tuyos. En última instancia, sin embargo, esto tendrá un impacto positivo significativo en tu vida. Es bastante fácil quedarse con amigos que te derriban, te rechazan y dejan tu ego herido en el proceso. Esto no es fácil para tu bienestar mental o para tu autoestima. Debes rodearte de gente que te levante y puedan ascender a nuevas alturas juntos.

Por supuesto, esto es más fácil de decir que de hacer Es un reto acabar con las amistades, sobre todo cuando datan de tiempo atrás. Es esencial hablar con los amigos para darles la oportunidad de entender su comportamiento y cambiar, antes de cortar con ellos. Incluso puedes subir un nivel y escribir una carta si te sientes incómodo hablando con ellos cara a cara. Asegúrate de que sepan cómo su comportamiento o estilo de vida te descarrila. La gente a menudo no entiende que sus comentarios pueden herirte o destrozarte. Si intentan cambiar, habrás fortalecido tu amistad. Por otro lado, si se niegan a cambiar para mejor, considera que has logrado lo que te propusiste, ya que dijiste lo que pensabas desde el principio y ahora puedes dejar atrás la amistad negativa.

10. Aprende algo nuevo cada día.

En el pasado, eras joven, y el mundo entero parecía nuevo. Puedes revivir el pasado aprovechando los pensamientos que forman tu cerebro. De vez en cuando, deberías permitirte leer un libro, un blog, una revista, un diario o un artículo. Deberías pasar algún tiempo aprendiendo algo nuevo de estos libros o también físicamente. Intenta algo fuera de tu zona, como diseñar un sitio web o jugar al golf. Intenta aprender a tocar la guitarra gradualmente desde los acordes básicos hasta las notas complicadas.

11. Otórgate gustos.

Deberías considerar darte un gusto llevándote a cenar y a dar paseos. Date el gusto de ver tu película favorita. Puedes elegir una película de tu infancia y verla para disfrutarla. Permítete relajarte por un tiempo y repasa las partes favoritas de tu pasado. De esto, puedes derivar lecciones que usarás en tus futuros esfuerzos.

12. Practica la autoconversación.

Por extraño que parezca, hablar contigo mismo es fundamental cuando deseas tratar temas sobre ti mismo. Necesitas interrogarte seriamente. Como se discutió en el apartado de imagen corporal en la sección anterior, puede que tengas problemas con el aspecto de una parte específica de tu cuerpo. Habla con esta parte del cuerpo y sobre ella al mismo tiempo. La charla con uno mismo siempre debe ser positiva. Háblate a ti mismo de vez en cuando, y al hacerlo, los pensamientos negativos se bloquearán de tu mente.

### 13. Practica el perdonarte a ti mismo.

Todo el mundo comete errores. Pero aun así te gusta culparte a ti mismo por los pequeños errores que has cometido. Piensa en la transformación que deseas presenciar a largo plazo. Entonces perdónate. Aprecia lo que ha ocurrido, pero recuerda que eso es el pasado y trata con las consecuencias emergentes.

Un crecimiento significativo en ti mismo se logrará cuando te perdones a ti mismo. Es fácil seguir haciéndote la pregunta "¿Qué hubiera pasado si?" que te hará estancarte. No puedes avanzar de esa manera. Perdonarse significa que te aprecias como humano y que aceptas que eres imperfecto y defectuoso como todos los humanos.

Los trece hábitos anteriores son solo algunas de las prácticas que, si se hacen repetidamente, te permitirán amarte a ti mismo.

# Trece hábitos de autoestima para practicar diariamente

Esta sección te proporcionará trece hábitos simples y fáciles de implementar que elevarán y aumentarán tu autoestima positiva. El compromiso de practicar estos hábitos utilizará sabiamente tu tiempo y, a su vez, mejorará tu vida.

No toma mucho tiempo desarrollar tu autoestima. Hay un sinnúmero de cosas que puedes hacer para mejorar tu autoestima y mejorar tu vida. Los trece hábitos que se detallan a continuación han sido cuidadosamente seleccionados entre muchos. Las prácticas son cortas y puntuales:

**1. Escoge y domina algo que te guste.**

Establece una habilidad haciendo algo que amas. Requerirá trabajo duro y dedicación para lograrlo, pero al final valdrá la pena el esfuerzo que le dediques. Para lograrlo, debes estar dispuesto a mantenerlo y estar determinado a tener éxito.

Para disfrutar de la vida, debes enfocar tu potencial en lo que haces bien, en vez de en tus limitaciones. Debes maximizar tus aptitudes y habilidades innatas. Todo hombre tiene una debilidad, y se necesitará valor para admitir tus defectos. Pero es tranquilizador darse cuenta de que tienes tus fortalezas y reconoces que tienes talentos y cualidades personales que otros no tienen.

Hay diferentes enfoques para lograr esto; puedes leer libros sobre el tema, hablar con personas en el campo de tu interés, o buscar información en la web y en los medios electrónicos sobre el tema que te interesa.

Como dice el dicho, "La práctica hace la perfección". Para llegar a dominar una habilidad más rápido, debes practicarla más a menudo. Si lo haces regularmente, seguirás mejorando continuamente para mejorar esa habilidad. A medida que tu competencia en la actividad crece, será una fuente de satisfacción y logro para ti.

El mundo está lleno de hombres sin éxito, pero con talento, pero les falta confianza y persistencia. Puede que sientas, como ellos, que no importa lo competente que seas en algo, alguien en otro lugar es mejor que tú. No deberías ser uno de ellos.

**2. Investiga en línea, lee libros y artículos que te eleven la moral.**

Si te desprecias a ti mismo, puedes mejorar tu autoestima leyendo materiales que te ayuden a ver el lado positivo de tu vida. Puedes ajustar tu vida tomando el control de lo que consumes en línea y de los libros.

Ver programas de televisión, películas y comerciales reducirá tu autoestima y te hará sentir que no eres lo suficientemente bueno. Tu autoestima puede disminuir si eso es lo que consume gran parte de tu tiempo.

Deberías leer material que subraye la mejora de la autoestima, la motivación y otras formas de mejorar tu estado de ánimo.

**3. Siempre revisa tus actividades del día.**

Al final del día, evaluar lo que ha ido bien durante el día puede ayudar a desarrollar tu autoestima. Acostúmbrate a reservar unos minutos para discutir los eventos del día contigo mismo. La forma correcta de abordar esto es cerrando los ojos y relajándote. Con los ojos cerrados, intenta repasar los acontecimientos del día. Empieza por la mañana, luego al mediodía, hasta que haya evaluado los eventos de esa noche. Evalúa los eventos que ocurrieron, las personas con las que interactuaste y, lo más importante, las decisiones que tomaste, incluyendo los éxitos y fracasos del día.

Deberías estar agradecido por todo lo que salió bien durante el día. Para mejorar tu autoestima, identifica al menos cuatro cosas que lograste con éxito; siempre agradece las cosas que hiciste bien durante el día. Después de eso, anota las cosas que podrías haber hecho de manera diferente.

Este sencillo ejercicio te ayuda a identificar lo bueno que ocurre en tu vida y te muestra cómo puedes mejorarlo en el futuro.

**4. Evita los comportamientos que te hagan perder el tiempo.**

Descubre tus malos hábitos y trata de evitarlos. Los malos hábitos pueden incluir ver la televisión, jugar a juegos, el exceso de Internet, etc. Estos son hábitos que hacen perder el tiempo y que no añaden nada a tu sentido de autoestima. En este caso, deberías dejar estos hábitos por completo o reducir el tiempo que les dedicas. Usa esas horas para hacer cosas constructivas, creativas y positivas.

Para identificar los hábitos que te hacen perder el tiempo, formúlate las siguientes preguntas:

✔ ¿Qué es lo que más te emociona?

✔ ¿Qué te gusta hacer, o qué puedes hacer sin que te obliguen a hacerlo?

✔ ¿Qué resultados finales quieres conseguir?

**5. Enumera todos tus logros.**

Cuando sientas que tienes una baja opinión de ti mismo, considera hacer una lista de todos tus logros. Este pequeño ejercicio transformará tu enfoque. Para hacer este ejercicio:

✔ Consigue un bolígrafo y papel o usa sistemas en línea. Establece un límite de tiempo para la actividad; esto te ayudará a evitar pasar mucho tiempo en la tarea.

✔ Anota todos tus logros, tanto los de tu juventud como los actuales.

✔ La lista debe contener logros de cualquier magnitud: grandes o pequeños.

✔ La lista debe incluir no solo lo que has hecho por ti mismo, sino también lo que has hecho por los demás.

Una vez que hayas hecho la lista de logros, léela varias veces, afirmándote por los logros enumerados.

### 6. Sal con amigos.

Los verdaderos amigos te querrán por lo que eres y te proporcionarán compañía basándose en eso. Salir con amigos mejorará tu vínculo con ellos. Salir incluye ir a ver películas o música en vivo, ir de compras, al parque, a los bolos, a cenar, a fiestas, al gimnasio, a eventos deportivos, etc.

### 7. Enseña a otros una habilidad que hayas perfeccionado.

El mero hecho de que puedas impartir el conocimiento de una habilidad que has desarrollado a otros aumentará tu autoconfianza. Cuando enseñas a otros, te conviertes en un modelo a seguir para ellos. Enseñar te ayudará a verte a ti mismo positivamente como un hacedor de cambios. Aquí, la confianza en uno mismo es tener la creencia de que eres capaz de lograr algo. Significa que te respetas a ti mismo y crees que tienes valor, independientemente de lo que hagas.

Ayudar a los estudiantes a obtener una mayor comprensión de una habilidad específica, desarrollará la autoconfianza y la autoestima de tus estudiantes también.

## 8. Planea un viaje lleno de diversión.

Planificar un viaje suele ser una aventura y la emoción que conlleva. La etapa de planificación del viaje te dará un sentido de pertenencia y valor. Si tus amigos y tu familia te permiten planear el viaje, esto aumentará tu autoestima, porque te verás a ti mismo como un contribuyente a la actividad.

El proceso de planificación incluirá algunas actividades de equipo como:

✔ Hablar con tus colegas o amigos y familiares que quieran unirse.

✔ Hacer y compartir una lista de las actividades divertidas que ofrecen los lugares que has elegido para visitar, por ejemplo, playas, museos, etc.

✔ Considerar los patrones climáticos del destino, y qué llevar para el viaje.

## 9. Ofrecerse como voluntario para apoyar una causa.

Ayudar a otros de forma gratuita siempre te hará sentir bien contigo mismo. Ser voluntario te ayuda a conectarte con tus compañeros y a sentirte orgulloso de la causa. Al mismo tiempo, ser voluntario te da la oportunidad de devolver algo a la comunidad.

Hay muchos beneficios del voluntariado que conducen a un aumento de los sentimientos de autoestima; entre ellos se incluyen:

✔ Ayudándote a desarrollar tus contactos y hacer nuevos amigos o conexiones. Tales conexiones son necesarias para una autoestima positiva.

✔ Permitiéndote practicar y perfeccionar tus habilidades sociales.

✔ Sintiéndote bien al implementar algo tan importante y digno para los demás.

✔ Haciendo felices a aquellos a los que estás ayudando, y al mismo tiempo, serás feliz cuando todo salga como se ha planeado.

✔ Concediéndote la oportunidad de probar cosas nuevas.

✔ Equipándote con nuevas habilidades transferibles.

Cuando decidas ofrecerte como voluntario a una causa(s), no debes limitarte a una organización. Es bueno ser voluntario de muchas organizaciones; para aprovechar las oportunidades de aprendizaje, y establecer si te conectas con el personal.

### 10. Recuerda que tus circunstancias no te definen.

Los pensamientos negativos siempre conducirán a una baja autoestima. Nunca permitas que tus circunstancias determinen quién eres. Recuerda que la situación en la que estás es temporal.

Intenta distanciarte de las situaciones que no te llevan a ninguna parte. Si no estás satisfecho con los eventos que ocurrieron en tu pasado, debes entender que no determinan quién eres.

### 11. Lee y escribe una reseña de tu libro favorito.

Además puedes tomar una foto de ti mismo cuando termines de leer un libro y publicarla en un grupo de lectores con ideas afines. Hacer esto mejorará tu autoestima, ya que te apreciarás a ti mismo por haber terminado el libro. Luego publica una reseña del libro en línea, ya sea en tu blog o en las redes sociales. Los libros son increíbles. Una vez que desarrolles el hábito de leer libros que te den poder, tu autoestima aumentará automáticamente.

### 12. Haz una lista de cinco cosas o más sobre ti.

Como se discutió anteriormente, enumera las cosas internas que te definen. Ahora, aquí consideraremos las cosas físicas que puedes hacer para mejorar tu autoestima. Hay varias cosas que puedes hacer. Por lo tanto, debes hacer una lista de cosas positivas que puedes lograr con un mínimo esfuerzo. En los días en que no puedas amarte a ti mismo, saca esta lista y léela una y otra vez.

### 13. Deja mensajes positivos en notas adhesivas en tu espejo.

El espejo es un lugar en la casa que, pase lo que pase, tendrás que visitar todos los días. Es importante rodear el espejo y toda la casa con mensajes positivos. Mirar estos mensajes todos los días ayudará a que sean permanentes en tu mente. Las notas adhesivas pueden tener citas motivacionales que ayudarán a desencadenar algo en ti cada vez que las mires.

Los trece hábitos mencionados anteriormente son solo algunos de los muchos que pueden aumentar tu autoestima. Si se practican a diario, religiosamente y de forma consistente, estos hábitos se convertirán en una parte innata de ti. Ni siquiera notarás cómo los cumplirás, ya que los procesos serán rápidos y sin esfuerzo.

# PARTE 2: Autoconfianza

# Autoestima vs. autoconfianza

En la primera parte, exploramos mucho sobre la autoestima. En esta sección, compararemos la autoestima y la confianza. Hay una delgada línea entre las dos. Los hombres siempre querrán tener confianza y una alta autoestima. Puede que no lo digas en voz alta, pero el deseo está ahí dentro de ti.

La autoestima y la autoconfianza son palabras compuestas. Están formadas de dos partes: "auto" y estima, "auto" y confianza. La primera parte de estas palabras es significativa.

La confianza se puede ver en tres perspectivas:

- Como autoseguridad: Esta definición se refiere a la confianza en uno mismo como la capacidad de actuar hasta un cierto nivel.
- Creencia en las capacidades de los demás: Aquí la confianza hace hincapié en cómo te gustaría que los demás se comportaran de manera confiable o competente.
- Mantener la información en secreto o restringida a algunas personas: La confianza aquí se define como ocultar información a otras personas.

Esto significa que la confianza no consiste solo en sentirse bien por dentro, aunque sentirse bien es una ventaja.

La confianza viene con la práctica y con la forma en que te familiarizas con lo que haces. A continuación se presentan ocho signos que indican si tienes la suficiente confianza:

✔ Estas preparado y bien equilibrado.

✔ Respiras sin esfuerzo.

✔ Te mueves hacia tus objetivos en la vida sin problemas y con un sentido de propósito.

✔ Eres proactivo en lugar de reactivo y defensivo.

✔ Respondes a las situaciones y desafíos en lugar de reaccionar a ellas.

✔ Estás seguro de que puedes lidiar con cualquier cosa que la vida te arroje, incluso si está fuera de tu control.

✔ Puedes permitirte el lujo de reírte de ti mismo.

✔ Crees que todo estará bien al final, sin importar el tiempo que tome.

Esta sección te ayudará a encontrar tu confianza interior y te permitirá dar el primer paso en tu viaje hacia el éxito, por muy aterrador o difícil que parezca en este momento.

## Diez indicadores de confianza

Abajo hay diez señales de un hombre seguro. Cuando actúas con confianza, es probable que tengas algunas de estas diez cualidades:

1. **Autodirección y valor.** Si eres un hombre seguro, sabrás lo que quieres y hacia dónde te diriges y lo que es importante para ti.

2. **Motivado.** La confianza lleva a una alta motivación, y disfrutarás de lo que haces. Puede que estés tan comprometido con lo que haces que no te distraigas con nada.

**3. Exhibes estabilidad emocional.** Como hombre seguro de ti mismo, es más probable que estés tranquilo y centrado en cómo te acercas a las personas y a los desafíos. Podrás sentir emociones difíciles como la ira y la ansiedad, y trabajarás con ellas en lugar de dejar que te superen.

**4. Piensas en positivo.** La confianza lleva a una mentalidad positiva. Puedes ser optimista y ver siempre el lado bueno de todo, incluyendo los desafíos y los contratiempos. Tienes una consideración positiva sobre ti y sobre los demás.

**5. Consciente de ti mismo.** Sabes en qué eres bueno, y lo que puedes manejar. Sabes cómo te ves y cómo suenas para los demás. Reconoces que eres un ser humano y que no eres perfecto.

**6. Flexibilidad.** Adaptas tu comportamiento de acuerdo a la situación en cuestión. Puedes ver el panorama general mientras que al mismo tiempo estás atento a los detalles. Siempre consideras los puntos de vista de los demás al tomar decisiones.

**7. Ansioso por desarrollarte.** Disfrutas de expandirte. Tratas cada día como una experiencia de aprendizaje en lugar de actuar como si fueras un experto sin nada nuevo que aprender.

**8. Sano y enérgico.** Estás en contacto con tu cuerpo y lo respetas, y tienes la sensación de que tu energía fluye libremente. Puedes manejar situaciones estresantes sin agotarte.

**9. Dispuesto a correr riesgos.** Puedes tomar riesgos y actuar ante la incertidumbre. Te pondrás al frente incluso cuando no tengas las habilidades y respuestas necesarias para la situación en cuestión.

**10. Tienes un sentido de propósito.** Tienes un alto sentido de la coherencia de los diferentes aspectos de tu vida.

# Prueba de autoconfianza

El cuestionario de 20 puntos que se presenta a continuación se deriva de los indicadores de confianza anteriores. Para medir tu nivel de confianza, responde a todas las preguntas indicando si estás de acuerdo o no con las afirmaciones de la escala de cinco puntos proporcionada. Debes hacer la prueba tantas veces como quieras y seguir la evolución de la misma.

Una vez que hayas hecho la prueba, guarda los resultados en un diario y hazla de nuevo en cuatro a seis meses, y anota el desarrollo. Completar esta prueba te ayudará a descubrir los aspectos de tu vida que afectan a tu confianza. Intenta responder a las preguntas con precisión para que puedas evaluar correctamente tu nivel de confianza y prescribir el remedio adecuado para lo que falta. Marca donde corresponda.

| Declaración | Totalmente de acuerdo | De acuerdo | Neutral | En desacuerdo | Totalmente en desacuerdo |
|---|---|---|---|---|---|
| Sabes lo que es importante para ti. | | | | | |
| Sabes lo que necesitas en la vida. | | | | | |
| Nunca te odias a ti mismo por fallar. | | | | | |
| Puedes mantener la calma y pensar cuando las cosas se ponen difíciles | | | | | |
| Todo lo que haces implica cosas que te gusta hacer. | | | | | |

| | | | | | | |
|---|---|---|---|---|---|---|
| A menudo te absorbes completamente en lo que haces. | | | | | | |
| Eres bastante optimista. | | | | | | |
| Te respetas a ti mismo y a la gente que te rodea. | | | | | | |
| Conoces tus fortalezas y debilidades. | | | | | | |
| Sabes lo que los demás consideran tus puntos fuertes. | | | | | | |
| Consultas a los demás cuando es necesario, antes de actuar. | | | | | | |
| Te gusta ver el panorama general y los detalles intrincados de las situaciones. | | | | | | |
| Disfrutas aceptando nuevos retos. | | | | | | |
| Te encanta buscar nuevas oportunidades y aprender y crecer a partir de ellas. | | | | | | |
| Cuidas tu imagen corporal. | | | | | | |
| Manejas bien el estrés. | | | | | | |

| | | | | | |
|---|---|---|---|---|---|
| Tienes una actitud positiva hacia la toma de riesgos. | | | | | |
| Meditas regularmente. | | | | | |
| Tienes tu misión y propósito en la vida. | | | | | |
| Estás automotivado para manejar nuevos desafíos. | | | | | |

Después de marcar el cuadrado apropiado en cada línea del cuestionario, adjudícate cinco puntos por cada marca en la columna "Totalmente de acuerdo", cuatro puntos en la columna "De acuerdo", tres puntos en la columna "Neutral", dos puntos en la columna "En desacuerdo" y un punto en la columna "Totalmente en desacuerdo".

Suma los puntos y analiza los resultados. Utiliza la siguiente escala de valoración para obtener consejos basados en tu puntuación. Esta actividad te ayudará a conocer las áreas de tu vida que requieren atención inmediata y las secciones de este libro que debes saltarte para leerlas inmediatamente.

**Puntuación**

**Puntaje: 80 - 100.** Esto significa que según todos los estándares, eres una persona segura de sí misma. Significa que tienes prioridades claras y que esperemos que persigas la vida que deseas.

**Puntaje: 60 - 80.** Tienes confianza en muchas situaciones. Solo unas pocas áreas de tu vida te hacen caer. Tienes un deseo ardiente de mejorar tu confianza y aumentar tu autoestima. Este libro te ayudará en tu viaje hacia la autoconfianza. Revisa la siguiente parte de este libro para mejorar estos aspectos.

**Puntaje: 40 - 60.** Has elegido el libro correcto. Los consejos y trucos de este libro te ayudarán a mejorar esta puntuación en un par de meses si los sigues religiosamente. En este momento, estás experimentando cierta incertidumbre en tu vida, y te preguntas si puedes hacer algo para resolver la situación. Necesitas darte un tiempo para trabajar en los aspectos que requieren atención inmediata, y estarás contento con tu progreso en unos pocos meses.

**Puntaje: 20 - 40.** Tienes muy poca confianza en ti mismo, pero no te preocupes porque no tiene por qué seguir siendo así. El hecho de haber realizado la prueba te ha puesto en el camino correcto para desarrollar tu confianza. Incluso si has obtenido una puntuación por debajo del promedio en esta prueba, puedes aumentar tu autoconfianza diez veces en los próximos 4-6 meses siguiendo los pasos y principios descritos en este libro. Lee este libro de principio a fin y encontrarás excelentes consejos que te pondrán en el camino correcto hacia la autoestima.

Una vez que hayas terminado el ejercicio y leas los consejos basados en tu puntuación, fíjate en la puntuación y revisa las partes que bajaron tu calificación general. Lee los capítulos relacionados con la mejora de esas áreas específicas de confianza. Haz el ejercicio unos meses más tarde, y notarás el progreso en tu evaluación. Este libro está lleno de consejos y orientación práctica para ayudarte a mejorar todos los aspectos que afectan a tu autoestima.

Repasa el contenido para identificar las áreas que te ayudarán a mejorar tu confianza rápidamente. La prueba anterior es simple pero muy poderosa para monitorear el crecimiento de tu creencia en ti mismo. La actividad también te permitirá identificar tus fortalezas y debilidades y encontrar la forma de lidiar con ellas de manera efectiva.

## La prioridad eres tú

Ten en cuenta que la autoconfianza y la autoestima se aprovechan cuando te aceptas a ti mismo. El amor propio es el equilibrio entre aceptarte a ti mismo como eres, reconociendo que mereces algo mejor y trabajando duro para conseguirlo. A partir de la explicación anterior, te darás cuenta de que tú eres la prioridad. Debes hacerte la prioridad, para que el resto de las cosas caigan en su lugar.

No eres egoísta al priorizarte a ti mismo sobre los demás. Todo depende de las proporciones disponibles para compartir. Por ejemplo, si una naranja se corta en cuatro trozos para las cuatro personas de la habitación y eliges dos trozos en vez de uno, eso es ser egoísta. Independientemente de esto, es esencial ponerse en primer lugar. Debes guardar algo de energía para ti mismo en todo momento.

Estás solo en este mundo. Por lo tanto, la persona con la que estarás en una relación más tiempo que nadie es tú mismo. Si estás en una buena relación contigo mismo, podrás manejar bien tus relaciones con otras personas.

Desafortunadamente, tienes que aceptar que, aunque alguien tenga buenas intenciones, puede infligirte dolor repetidamente sin importar el efecto que su acción o inacción y sus palabras puedan causar. Una situación ideal sería estar en un lugar estable emocionalmente, en el que las acciones de otra persona no afecten a tu estado de ánimo.

Por lo tanto, el crecimiento personal es un proceso continuo, y puede llevar más tiempo llegar a donde te afecten menos las acciones de las personas. En este caso, te ves obligado a descartar a las personas que te hunden. Algunas personas pueden ser venenosas y restringirán tu progreso, de modo que ni siquiera puedes permitirte una sonrisa. Considera una planta. Si se la coloca en condiciones duras, no crecerá y finalmente se marchitará. Pero cuando se la coloca en las condiciones adecuadas, la planta prosperará y crecerá hasta convertirse en una hermosa planta. Una vez que haya crecido y establecido sus raíces y su tallo, será imposible destruirla.

Los seres humanos también pueden ser tóxicos. Una persona tóxica es alguien que:

- evalúa negativamente todos tus esfuerzos;
- exige mucho;
- te falta el respeto; y
- no apoya tus objetivos generales.

Tales personas pueden:

- reírse de ti;
- despreciarte;
- abusar de ti físicamente;
- manipularte; y/o
- te menosprecia.

Estas personas a menudo no están dispuestas a desafiar sus acciones dañinas y hacer los cambios necesarios. Por lo tanto, cuando te encuentres alrededor de tales personas que son tóxicas para ti, perderás tu paz interior. Esto puede forzarte a transferir el dolor infligido a otras personas. Ahora surge la pregunta de si es egoísta pensar en ti mismo. ¿No es egoísta de su parte esperar que estés bien con lo que te hacen?

Terminar una mala relación es difícil, ya que estas personas pueden estar cerca de ti. Pero es importante dejarlas ir, porque, una vez que eliminas a esas personas de tu vida, permites que la positividad fluya en tu vida. En el futuro, tendrás suficiente tiempo y amplio espacio para el autoexamen, el trabajo de recuperación y el desarrollo, y como la planta de la que hablamos antes, definitivamente podrás crecer.

# Quince maneras probadas de aumentar tu autoconfianza

La confianza emana del interior de cada hombre. Las ideas, reflexiones y pensamientos de un hombre le ayudarán a construir su autoconfianza. A continuación hay quince maneras probadas de aumentar tu autoestima y por lo tanto tu confianza:

**1. Ser paciente**

Una persona segura de sí misma debe tener paciencia. Si, como hombre seguro de ti mismo, no alcanzas tus objetivos en el primer intento, no lo verás como un fracaso. Aprenderás de la experiencia y te esforzarás por hacerlo mejor la próxima vez que ocurra una situación similar. La paciencia es una virtud que acompaña a la persistencia. Fíjate en Thomas Edison, quien intentó inventar la bombilla y falló más de 10.000 veces. Cuando le preguntaron sobre su invento, Thomas dijo que no falló 10.000 veces, sino que descubrió 10.000 formas que no funcionaron. Eso demuestra persistencia.

## 2. Ámate a ti mismo

Como hombre, puedes pensar que está mal amarte a ti mismo. Lo consideras egoísta, arrogante y desagradable. Tener este tipo de actitud está mal, ya que confundes el amor propio con el orgullo y el narcisismo. Los narcisistas no se aman a sí mismos. En cambio, están enamorados de sí mismos, lo cual es muy diferente.

El no amarse a uno mismo lleva a un reducido sentido de autoestima, aceptación o pertenencia. Además, tu capacidad de amar a los demás se ve directamente afectada por tu capacidad de amarte a ti mismo.

## 3. Supera tus miedos

Superar algo que te asusta te hará aún más fuerte y más autosuficiente. Al superar tus preocupaciones, desarrollarás una forma eficiente y práctica de tratar con los desafíos que encuentres en la vida. No tiene por qué ser complicado. Lidia con el estrés y las preocupaciones que enfrentas en tu vida diaria. Este enfoque aumenta tu autoconfianza y tu sentido de autoestima.

Comprender tus miedos es el paso inicial para superarlos. Debes entender lo que te amenaza y te limita para lograr tu sentido de autoestima. Por el contrario, el miedo te impide salir de tu zona de confort.

## 4. Ten un mentor

Como Joe Montana dijo una vez, la confianza es algo muy frágil. Esto es cierto. La autoestima necesita ser cultivada y requiere un esfuerzo continuo para desarrollarla hasta madurar y convertirse en una parte innata del hombre. Si no desarrollaste tu autoestima a partir de la influencia de tus padres, no es demasiado tarde. Es hora de que identifiques a alguien que respetes en tu campo y le pidas que sea tu mentor. Mucha gente aceptará la petición y se ofrecerá a ayudarte.

La mentoría no debe confundirse con el entrenamiento o la terapia de vida. La mentoría es meramente un proceso por el cual uno se vuelve más conocedor y experimentado en un campo particular; un mentor te ayuda a navegar los rápidos del camino, ya que él mismo ha tomado ese camino. Tener un mentor en cualquier sector es valioso. Desarrollará una gran confianza a partir de la satisfacción de que alguien esté dispuesto a hablarte y guiarte en tu lucha por la vida.

### 5. Abraza nuevas ideas

Adoptar nuevas creencias cuando se trata de resolver problemas es de lo que se trata el aprendizaje y el desarrollo de la autoconfianza. Debes creer en tus recursos y en los de las personas en las que confías. Si intentas hacer todo a tu manera, sin acoger las nuevas e innovadoras ideas de los demás, estás destinado a fracasar.

Es prudente obtener información de las personas que te rodean. Aunque a veces las ideas que necesites salgan de tu cabeza, puedes terminar ignorándolas si tienes poca autoestima. Estar abierto a tus pensamientos es a menudo un desafío para muchos hombres. Si no estás abierto a las ideas diferentes de la gente que te rodea, tu autoestima será muy baja.

### 6. Sé confiable

Saber que puedes contar con la gente que amas, tus compañeros de equipo y tú mismo, significa que tienes las herramientas necesarias para superar los momentos difíciles de la vida. Hacerlo solo es posible, pero te llevará más tiempo. Tener a otras personas en tu vida que sean confiables siempre facilita las cosas, ya que estarás seguro de que no tienes que hacerlo todo tú solo.

Ser confiable puede hacerte más deseable. Te elevarás más cuando la gente sepa que puede confiar en ti. Cuando te das cuenta de que también puedes confiar en ti mismo, entonces no habrá ningún desafío que no puedas manejar. La confianza emana de saber que tú o la persona que necesitas estará ahí cuando la requieras.

### 7. Practica el pensamiento positivo

A menudo puedes decir cosas negativas sobre ti mismo. Cuando esto se convierte en un hábito, te impide disfrutar de la vida, alcanzar tus objetivos, o a veces te impide encontrar el amor. Una de las formas de romper el hábito de los pensamientos negativos es ser consciente de ellos. Ser consciente de lo que pasa en tu cabeza y a tu alrededor, te ayudará a reducir la tensión.

### 8. Evita la procastinación

Deja de lado todas las excusas y reconoce que tienes la capacidad de completar la tarea a tiempo. Muchos hombres prefieren completar la tarea en el último minuto. La procastinación es un mal hábito que debe ser eliminado para que desarrolles tu autoconfianza. Para lograrlo:

✔ Empieza a cronometrar todo, para saber cuánto tiempo te lleva hacer algo que has estado arrastrando.

✔ Solo hazlo. Si empiezas y trabajas en la tarea que tienes en manos, eventualmente tendrás algún tiempo después que podrás utilizar de cualquier otra manera.

✔ Conquista tus miedos: algunos hombres evitan las tareas por miedo a fracasar en su implementación. Este miedo es una excusa que te llevará a retrasar o a ignorar completamente las cosas esenciales de la vida.

✔ Planifica tu tiempo libre. Siempre recompénsate dándote un respiro una vez que hayas alcanzado tus hitos. Los descansos son vitales; no puedes ser productivo durante todo el día. Descansar te hace más atento.

### 9. Responde con prontitud

Responder a los problemas en lugar de reaccionar te ahorrará mucho dolor. Algunos temores pueden llevarte a entrar en modo de reacción. Esta reacción puede ser desencadenada por la ansiedad. Para manejar las situaciones de manera eficiente, debes aprender a responder. Se necesita práctica para dejar de reaccionar a los asuntos y en cambio responder con prontitud. Debes discutir estos procesos con alguien en quien confíes y en quien creas. De esta manera, pueden ayudarse mutuamente para evitar reacciones y buscar respuestas adecuadas.

### 10. Ejercita tu fuerza mental

Tomemos, por ejemplo, el juego de ajedrez. Alguien que ha ganado una partida de ajedrez, o ha tenido éxito en el ajedrez, ha pasado muchas horas practicando. Hay muchas maneras de ejercitar tu fuerza mental. La ventaja del ejercicio mental es que se puede hacer en cualquier lugar, mientras haces tu vida cotidiana. Pero recuerda, esta no es una solución que sirva para todos. Lo que funciona con una persona puede no funcionar con otra.

### 11. Fortalece tu estructura de apoyo

Las estructuras de apoyo han existido incluso antes de la llegada de la psicoterapia. Es esencial tener gente a tu alrededor que esté dispuesta a sostener tu mano a través de los desafíos que la vida te lanza. En caso de que no tengas amigos, familia o colegas que te ofrezcan apoyo emocional, puedes unirte a un grupo que lo haga. Alternativamente, puedes crear tu propio grupo de apoyo.

Puedes obtener apoyo emocional de dichos grupos. La ayuda que puedes obtener de los grupos de apoyo no solo aumentará tu confianza, sino que también te pondrá en el camino hacia una vida fructífera.

## 12. Celebra los pequeños logros

No tienes que tener éxito para tener la seguridad. Muchos han demostrado lo contrario. Cuando desarrollas el éxito en cualquier sector de tu vida, afectará a todas las demás áreas de tu vida. Los pequeños logros pueden ser cualquier cosa, desde correr unos pocos kilómetros cada día. Puedes establecer objetivos realistas para el número de kilómetros que deseas cubrir en un día. Una vez que hayas alcanzado los pequeños objetivos, deberías celebrar tus logros. Tu autoestima aumentará gradualmente a medida que aprecies las pequeñas victorias en tu vida.

## 13. Mantente en forma y saludable

Un hombre sano tendrá la confianza para cumplir cualquier tarea y enfrentar cualquier desafío que la vida le ponga por delante. Si no estás sano, incluso sobrevivir se convertirá en un problema. Estar en forma es necesario para tu autoestima y bienestar físico. La condición física se puede lograr fácilmente haciendo ejercicio. Estar sano y ayudar a otros a estar sanos es esencial para permitirte vivir una vida plena. Cuando no estás en forma o no estás sano, los meros fundamentos de la vida te resultarán difíciles de alcanzar; por lo tanto, sufrirás de baja autoestima.

## 14. Practica el dar

Ayudar a los demás te ayudará a saber que eres una persona agradable y que puedes tener un impacto positivo en la sociedad. Cuando las cosas están difíciles, dar dinero a una causa digna o ser voluntario puede parecer contraproducente. Incluso con las presiones de la vida, la gente sigue encontrando maneras de dar. Dar dinero te hace sentir bien contigo mismo, por lo que aumenta tu autoconfianza. Al proporcionar un poco de algo a alguien que lo necesita, aunque solo sea tu tiempo y atención, desarrollas el respeto por ti mismo, ya que crees haber contribuido a hacer del mundo un lugar mejor.

## 15. Evita los comentarios críticos

Cuando le dices algo hiriente a alguien, terminarás alejándolo hasta el punto de que no querrá conectarse contigo nunca más. Aquí, tus estructuras de apoyo emocional están dañadas. Cuando criticas a alguien regularmente, la persona a la que le diriges la crítica puede que solo esté actuando para controlar tus berrinches. Incluso si estás tratando de ayudarlos, los estarás rechazando. Una vez que ignoren tus consejos, sentirás que no se te respeta. Ser ignorado no será bueno para tu autoconfianza.

Para evitar esta energía negativa, piensa cuidadosamente en las palabras que usas. Antes de decirlas en voz alta, imagina cómo te sentirías si las palabras se dirigieran a ti; si te enfadas, también lo harán todos los demás. Al interactuar de una manera que no ofenda a los demás ni los haga sentir juzgados o reprimidos, también se abrirán y compartirán sus opiniones.

# Como un jefe: Seis trucos de confianza en el trabajo

La confianza es un componente esencial en un ambiente de trabajo. ¿Puedes imaginarte un lugar de trabajo lleno de empleados con baja autoestima? ¿Te gustaría trabajar o incluso buscar servicios de una entidad así? La confianza en el lugar de trabajo implica ayudar a las personas a comprender sus emociones.

Metas inteligentes y plazos ajustados definen un ambiente de trabajo. Por lo tanto, tu autoconfianza aumentará si puedes cumplir con los plazos y entregar un trabajo de calidad al final del día.

Napoleón Hill dijo una vez: "Lo que la mente puede concebir y creer, puede lograrlo". En esta sección, discutiremos la mentalidad de trabajo que los hombres deben adoptar. Mientras intentas manifestar tus objetivos, es crucial mantener una alta vibración.

En un ambiente de trabajo, los sentimientos se intercambian a menudo entre colegas de forma similar. Por lo tanto, es necesario que domines todo lo que has aprendido en la sección anterior de este libro sobre la autoconfianza y la autoestima. Sin embargo, sin duda, tu creencia es fundamental en lo que respecta a la manifestación. Esto significa que si no crees en algo, no lo verás ocurrir en tu vida. En esta sección, exploraremos cómo nuestras creencias afectan al rendimiento en el trabajo y a la calidad de las relaciones en la oficina.

## Los seis trucos de autoconfianza en el trabajo

A continuación se presentan seis trucos de confianza en el trabajo que debes conocer para navegar por el entorno laboral como un jefe:

**Truco 1: Practica el pensamiento positivo en tu situación laboral.**

Aquí, el pensamiento positivo se refiere a la práctica de elegir las ideas que te darán poder sobre las que te limitan. En el trabajo, una mente positiva te dará una vida positiva.

Una mente positiva es superior a una mente negativa en el sentido de que el pensamiento positivo implica la selección de los pensamientos y acciones que apoyan el proyecto en lugar de obstaculizarlo, y eventualmente trae mejores resultados independientemente de la situación.

El albergar pensamientos negativos como "No puedes hacerlo", te impedirá tomar los pasos necesarios para lograr tus objetivos. Entonces tendrás menos probabilidades de cumplir los objetivos establecidos.

Pensamientos positivos como "Tú puedes hacerlo", te permitirán intentar, por lo tanto, aumentar las posibilidades de alcanzar tus propios objetivos.

Un proceso de pensamiento negativo te restringirá, mientras que uno positivo te acercará a tus objetivos dentro del trabajo. Cuando creas que algo es imposible, significará que las barreras del éxito te han absorbido completamente.

Debes mantener una actitud positiva en el trabajo. Una actitud positiva te dará esperanza y, al mismo tiempo, cambiará tu perspectiva. En el ambiente de trabajo, necesitas encontrar gente que haya tenido éxito en lo que estás haciendo y aprender de ellos. Tus pensamientos te ayudarán a ascender en tu trabajo o te harán retroceder. Además, reconoce que nunca es demasiado tarde para transformar tus ideas y tus creencias para apoyarte en vez de obstruirte.

### Truco 2: La mentalidad del trabajo es tu realidad

Henry Ford citó una vez esto: "Tanto si crees que puedes como si crees que no puedes, tienes razón".

Otro filósofo llamado Immanuel Kant dijo que nuestras experiencias, incluyendo las sensaciones y nuestra percepción de los objetos, son representaciones de nuestra mente. Y que la realidad solo se basa en la percepción de un individuo.

Tu percepción del lugar de trabajo depende de tus propias creencias. Estas creencias son tus verdades que construyen tus realidades subjetivas hacia la autoconfianza en el trabajo. Una creencia, aquí, es el sentimiento de certeza hacia algo —tu vida y trabajo están basados en las creencias que adquieres a través de tus experiencias.

En tu trabajo, es necesario que tu crecimiento personal esté abierto a las creencias de los demás y que estés dispuesto a cambiar tus creencias si estás convencido de que una forma alternativa de ver las cosas proporcionará una solución más precisa y poderosa.

### Truco 3: Escucha a tu mente subconsciente

Dentro de tu entorno laboral, es vital que te involucres y entiendas las señales que vienen de tu mente subconsciente. Tus creencias limitantes están entre las que continuamente se arraigan en tu subconsciente, ya que se plantan allí repetidamente. La mente subconsciente no evalúa las ideas. Transforma lentamente nuestras creencias. Esto significa que, si eres temeroso, celoso y hambriento de poder, siempre sembrarás malas semillas en tu mente y en otras mentes, lo que, a su vez, limitará tu potencial en la vida.

**Truco 4: Analiza tus pensamientos**

Si no puedes cambiar una situación, intenta cambiar tu punto de vista sobre ella. Ahí es donde está tu poder. Te controlan o tienes el control. Tu cerebro es inteligente. Quiere hacerte la vida fácil y pensar lo menos posible. (Esto puede sonar un poco extraño, especialmente si eres un pensador crónico). Así que el cerebro está optimizado para tomar decisiones subconscientes basadas en emociones previas ligadas a experiencias. Este comportamiento de piloto automático provocado por la repetición te permite moverte a lo largo del día sin tener que volver a aprender procesos, como conducir, y sin tener que pensar en todos los detalles de la vida diaria.

Sin embargo, como tu mente subconsciente no tiene conciencia, puede mantenerte cautivo de un comportamiento no saludable sin darte cuenta. El hecho de que te sintieras fatal cada vez que reaccionaste violentamente a los abusos a los que pudieras haber sido sometido, por ejemplo, debería hacer que te dieras cuenta de que no era tu reacción consciente. Fuiste condicionado a responder así por tus experiencias pasadas, y no cuestionas tu respuesta porque crees que no eres consciente.

La forma en que ves un evento determina la forma en que lo experimentas. Los hechos son neutrales, pero a menudo los etiquetas. Cuando ocurre un evento desafortunado, haz una pausa y analiza tus pensamientos. Haciendo esto, tu mente inconsciente reemplazará el pensamiento con la conciencia. Solo una vez que descubras tus pensamientos, elegirás cómo responder. La meditación es una herramienta poderosa para mejorar esta habilidad.

En resumen, en lugar de tratar de controlar los eventos que son externos a ti, practica el control de la respuesta de tu mente a ellos. Controlar la mente te devuelve tu poder y es la clave para una vida feliz. Por lo tanto, en un ambiente de trabajo, tu objetivo final no es solo deshacerte de los pensamientos limitantes, sino analizarlos primero.

### Truco 5: Cambia tus creencias limitantes

Sería bueno cambiar tus creencias más rápido, pero esto es algo difícil de lograr. Tus creencias están grabadas en tu mente subconsciente. Cuando aceptas una noción sin cuestionarla, vives con ella toda tu vida. Algunas ideas tendrán sentido para ti, pero no te darán poder. Solo limitarán tu potencial en la vida y tu capacidad para alcanzar tus objetivos.

El primer paso es identificar las creencias que deseas cambiar. Por ejemplo, digamos que una de tus creencias principales es que no puedes cambiar tu futuro, así que no podrás lograr grandes cosas.

Estas creencias no te harán sentir bien, pero si hubieras tratado de cambiarlas de inmediato, te habrías sentido como si te mintieras a ti mismo. Después de todo, estas creencias eran tu verdad. ¿Pero por qué *pensaste* que eran la verdad?

Cuando te enfrentes a tus creencias limitantes, descubrirás que creíste lo que hiciste porque alguien te lo dijo. Estas creencias limitantes que te fueron transmitidas por otras personas deben ser evitadas a toda costa.

### Truco 6: Afirmación continua

Nunca subestimes el poder de las afirmaciones. Estas son las afirmaciones positivas que describen cuáles son tus metas y objetivos en la vida, como si ya las hubieras alcanzado. Repetir algo con gran convicción genera una creencia en tu subconsciente de que la afirmación es verdadera.

Es común en la sociedad. A menudo te alimentas de ciertas nociones sobre el mundo, que se repiten una y otra vez. Por ejemplo, digamos que tus padres te dijeron continuamente que eras tímido; todo lo que pasó fue que esto se reforzó en tu mente. Puede que no te sientas tímido. Pero, a través de la repetición de esta idea, podrías empezar a creerla. En consecuencia, crecerás para ser tímido; aquí, estas palabras se convierten en una profecía autorrealizada.

Esto debería recordarte la importancia de rodearte de gente que te alimente con pensamientos de poder. Esto no quiere decir que solo debes mantener amigos que digan cosas buenas de ti. Pero sí significa que debes elegir personas que te apoyen, no que destruyan tus objetivos de vida.

Cuando te dicen repetidamente que no puedes hacer algo, terminarás creyendo que es verdad. Repetir afirmaciones positivas es un proceso consciente. Cuando envías instrucciones a tu mente subconsciente, una vez que estas creencias sean plantadas, tu mente subconsciente hará todo lo posible para dar vida a estas ideas. Es como codificar un programa para hacer algo por ti. Una vez que los códigos estén correctos, el programa cumplirá su propósito.

Repetir afirmaciones positivas es útil en la vida. Puedes practicar diciendo tus afirmaciones en un momento en el que te sientas bien. En esta etapa, ganarán impulso más rápido si repites estas afirmaciones. Este hábito cambiará tu estado de ánimo y tus sistemas de creencias, y como tal, tu realidad, completamente.

Practica repitiendo afirmaciones en tus propias palabras y voz como si estuvieras contando hechos irrefutables a tu amigo. Solo debes tener cuidado de repetir afirmaciones positivas, no recitar comentarios limitantes. Debes actuar de manera que sugiera que el objetivo ya ha sido alcanzado. De esta manera, el subconsciente creará y responderá en consecuencia. Es tu responsabilidad dedicar más tiempo para recitar regularmente afirmaciones positivas.

# Confianza en las citas: Doce estrategias irresistibles para conquistarla

Si has escogido este libro, probablemente eres como muchos hombres ahí fuera. Tienes problemas y temores cuando se trata de conquistar mujeres, especialmente cuando se trata de coquetear y tratar de llevarla a la cama. Es un tema común para los hombres, y no todos los hombres son naturales cuando se trata de encanto y seducción. Pero eso no significa que no puedas tener éxito cuando se trata de conquistar mujeres.

La confianza es crítica cuando se trata de mujeres. Es un afrodisíaco para las mujeres. Las mujeres pueden detectar la confianza, ya que es lo que buscan en un hombre. Las citas se han convertido en un asesino de la confianza de los hombres. Incluso puede ser difícil pedirle una cita a una mujer. Puede que te preguntes:

✔ ¿Cómo consigues hacer ese movimiento?

✔ ¿Cómo consigues mirarla directamente a los ojos y preguntarle?

La capacidad de tener control sobre el sexo y tu vida amorosa, en muchos sentidos, define quién eres. La habilidad de conquistar damas mejora tu felicidad interna y tu autoestima. Cuando tengas éxito en conquistar mujeres, cosecharás los beneficios de tu ambición masculina y la confianza en tus habilidades. Esto, en consecuencia, aumentará tu autoconfianza.

Lo que necesitas saber es cómo aumentar tus posibilidades de éxito en las relaciones. Aquí hay doce estrategias que pueden ayudarte a empezar, en un intento de ganar una perspectiva romántica:

### 1. Comprometerte con la causa

Debes tomar medidas comprometidas para conquistarla, incluso si la respuesta es negativa. Deberías seguir invitando a las mujeres a salir y alejarte del resultado negativo. No te culpes ni te menosprecies cuando la respuesta sea siempre negativa después de varias pruebas. Puede llevarte más de un año conseguir la primera cita. Todo lo que necesitas hacer es mantener comprometido con el rumbo y si una persona no está interesada, eventualmente encontrarás una pareja que sea adecuada para ti.

### 2. Conócete a ti mismo

Debes establecer si eres gay, bisexual, heterosexual o no identificado en absoluto. Debes determinar de qué lado estás y aceptar quién eres. Cuando te conozcas y aceptes a ti mismo, interactuarás fácilmente con los demás. Aprender a comunicarte eficientemente con las mujeres y agradarles te ayudará a lograr tu objetivo de confianza en ti mismo. Debes ser el tipo de persona que quieres atraer.

### 3. Sé tú mismo

Después de conocerte y aceptarte a ti mismo, deberías ser tú mismo. No luches por ser otra persona; es difícil mantener una actuación. Nunca des una impresión equivocada de quién eres, o actúes de una manera que no puedas mantener. Las damas se enamorarán de ti si no exageras tus habilidades luchando por impresionarlas en vez de ser real.

**4. Gana confianza antes de acercarte a ella**

Al conocer mujeres, siempre encontrarás que los hombres que tienen confianza en sí mismos tienen más éxito. Esto no tiene nada que ver con la buena suerte.

Las mujeres prefieren que seas una persona segura, no mansa e insegura de ti mismo. A las mujeres no les gustan los hombres que se mantienen distantes y las miran en secreto. Ya sea para una aventura de una noche o a largo plazo, las mujeres no considerarán salir con un perdedor.

Necesitas la confianza para acercarte a las mujeres. Cuando sepas cómo hablar con las mujeres y tengas la actitud correcta, empezarás a exudar seguridad en ti mismo. Con más confianza y mucha práctica, descubrirás que las técnicas de este libro pueden ayudarte a salir con la chica que quieras.

**5. Sigue practicando**

Siempre practica, practica y practica, una y otra vez. Uno de los mayores errores que puedes cometer en este esfuerzo es empezar por hablar con la mujer más hermosa de la sala.

Si no estás acostumbrado a hacer esto, empezarás a dudar de ti mismo. Por lo tanto, los problemas comenzarán aquí porque estarás poniendo excusas de inmediato en cuanto a por qué no puedes acercarte a alguien. Estas dudas surgen porque no has invertido lo suficiente en hablar con muchas mujeres para tener la confianza para acercarte a la mujer de la que te has enamorado de verdad.

Por lo tanto, como en cualquier sector de la vida, la práctica continua te ayudará a perfeccionar. Desarrollará tu confianza poco a poco. Empezarás a tener conversaciones con mujeres, solo hablando, sin expectativas. Esto incluye a las personas que no te atraen.

Una vez que practiques persistentemente, tu confianza crecerá, y será más fácil iniciar conversaciones con mujeres al azar. Con el tiempo, no tendrás problemas para atravesar esa habitación abarrotada y elegir a la bella dama que te atrae.

### 6. Elige un lugar apropiado

Otro gran consejo para ayudarte a conocer el tipo de mujeres que te gustaría, y que te facilitará conversar con ellas, es elegir un tipo de lugar que te haga sentir como en casa. Tal vez no te guste la escena de los bares o clubes, por ejemplo. Esto podría hacer que acercarse a las mujeres en estos lugares sea más difícil si odias gritar por la música o parecer un tonto en la pista de baile, a menos que, por supuesto, sepas bailar.

En lugar de usar eso como una vía para conocer mujeres, considera clases, como una clase de arte o una clase de cocina, ve al parque, a un mercado de granjeros o a una tienda de comestibles, a un museo. Encuentra esos lugares que te gusten y verás que te sientes más cómodo y seguro cuando se trata de acercarte a las mujeres y hablar con ellas.

### 7. Siempre sigue aprendiendo

Desarrollar tu confianza es un paso inicial vital. Siempre puedes aprender cosas nuevas: ser curioso y abierto a nuevas experiencias y al aprendizaje constante es la clave.

### 8. Sé gracioso, limpio y sonríe siempre

Estos son aspectos esenciales por desarrollar antes de ligar con una dama. Claro, quieres salir y conocer mujeres que se interesen por ti y que quieran acostarse contigo. Sin embargo, toda la charla del mundo no te llevará a ninguna parte si no tienes sentido del humor, eres rudo y tienes problemas de higiene. Piénsalo un poco desde la perspectiva de la mujer. ¿Querrías ir a casa con alguien que no se cuidara a sí mismo, y que fuera sombrío la mayor parte del tiempo? Probablemente no.

Por eso este capítulo trata de trabajar en ti mismo y de convertirte en un mejor partido antes de empezar a intentar conquistar con mujeres. Al seguir estos pasos ahora y hacer algunas mejoras en tu vida, descubrirás que puede ayudarte a desarrollar la confianza que se discutió en el primer capítulo. Serás más feliz con quien eres y con lo que tienes para ofrecer.

Exudarás confianza, y eso es lo que tantas mujeres encuentran atractivo, ya sea que estén buscando una aventura de una sola noche o alguien con quien puedan construir una verdadera relación.

### 9. Mejora tu apariencia física general

No estamos hablando de salir corriendo y hacerse la cirugía plástica para parecerse a quien sea el actual actor o músico rompecorazones en este momento. Es mucho más sencillo que eso, afortunadamente. Descubrirás que incluso si eres un tipo promedio, o tal vez incluso un tipo algo menos que el promedio, hay muchas cosas que puedes hacer que te ayudarán a cambiar y mejorar tu apariencia física para hacerte más atractivo.

### 10. Mantente en forma

Tu estado físico es un aspecto vital para aumentar tu confianza y, por consiguiente, conseguir la mujer de tus sueños. El primer paso es asegurarse de estar cuidando bien de ti mismo cuando se trata de tu estado físico. No solo es esencial para tu salud, sino que es crucial para la forma en que las mujeres te perciben. Si esperas acostarte con mujeres guapas con cuerpos hermosos, puedes estar seguro de que quieren algo equivalente de los hombres que eligen.

Ya sea que tengas sobrepeso, estés flácido o nada más que piel, huesos y un poco de músculo, puedes hacerlo mejor. Si tienes algunos recursos, gasta algo de dinero y tiempo para perder algunas libras y construir músculo. No es necesario que tengas un six-pack en el abdomen, y no necesitas parecer un modelo de fitness. Necesitas asegurarte de que estás en forma y que te veas bien.

Para muchos hombres, el camino hacia la buena forma física puede ser más largo que para otros. Tal vez has descuidado el cuidado de ti mismo por un tiempo, o tal vez nunca lo necesitaste. Ahora es el momento de empezar a ponerse en forma. Te vas a sentir mejor, y te vas a ver mejor. Cuando esto suceda, vas a estar rebosante de energía y confianza.

Los requisitos de aptitud física dependerán totalmente del cuerpo que desees adquirir, ya sea que trates de perder peso o de desarrollar músculos. Algunos hombres pueden ser delgados y pueden querer añadir algunos músculos. Para lograrlo, puedes ir al gimnasio si tienes uno asequible en tu zona. También puedes considerar la posibilidad de hacer senderismo, nadar, caminar o correr. No es necesario gastar mucho dinero para ponerse en forma. La calistenia y los ejercicios de peso corporal pueden transformar tu cuerpo.

El objetivo de este libro no es darte un montón de planes de entrenamiento que puedas usar. En cambio, te enseñará a elegir relaciones con mujeres. Ponerse en forma es solo uno de los aspectos que tendrás que considerar.

Solo asegúrate de seguir el plan de ejercicios propuesto y dedicar el tiempo y el esfuerzo necesarios para ponerte en forma antes de comenzar a pavonearte en un club para ligar con mujeres. Cuanto en mejor forma estés, más fácil será conquistar mujeres.

**11. Vístete para impresionar**

Además de poner tu cuerpo en forma, necesitas pensar en otros aspectos de tu apariencia exterior. Esto ciertamente incluye la ropa y los zapatos que estás usando.

La gente dice que nunca debes juzgar un libro por su portada. Sin embargo, es la naturaleza humana hacer precisamente eso. La gente juzga basándose en las apariencias, y no hay nada que puedas hacer al respecto. Si vieras a una mujer desaliñada con pantalones de chándal sucios y harapientos, con una vieja camiseta holgada y un cigarrillo colgando de su boca, probablemente no pensarías que es la mujer más atractiva de la sala.

Ahora, piensa en ello desde la perspectiva de una mujer. Si tienes agujeros en tu ropa, zapatos rajados con cordones deshilachados, y manchas en tu ropa que no se quitan, ¿por qué estaría interesada? No puedes llevar tus zapatillas de velcro favoritas a todas partes, no importa lo cómodas que se sientan. No eres un vagabundo profesional, así que no te vistas como tal.

Claro, si estás holgazaneando por la casa, ponte lo que quieras. Ponte cómodo. Sin embargo, cuando salgas, ya sea que vayas al gimnasio, al trabajo, a la tienda o a un bar, al cine, a un museo o a cualquier otro lugar, vístete apropiadamente.

No deberías gastar todo tu dinero en ropa nueva. Probablemente tienes algunas cosas en casa que puedes usar y que se ven bien, y que te hacen sentir bien contigo mismo. Esa última parte es la más importante. Quieres ropa que te funcione bien y que te haga ver lo mejor posible.

Tal vez necesites gastar un poco de dinero para conseguir ropa que se adapte mejor a la forma de tu cuerpo. Esto es indudablemente cierto si has estado haciendo ejercicio y poniéndote en forma, como se ha mencionado. Si no estás seguro de lo que debes usar para verte bien o del tipo de ropa que te irá mejor, busca la ayuda de algunos amigos.

Si tienes amigas mujeres, y esperemos que tengas, te pueden dar algunas sugerencias estupendas. Si no estás seguro de a quién debes acudir, siempre puedes pasar un rato hablando con la gente de la tienda de ropa. Sin duda pueden ayudar, pero no caigas en la trampa de comprar zapatos y ropa más cara de lo que necesitas.

Ahora que has empezado a pensar en tu estado físico y de salud, y has empezado a revisado tu armario para ver lo que necesitas comprar, es hora de que hablemos de la higiene.

## 12. Trabaja en tu higiene

Si eres un adulto que ha logrado superar tus incómodos años de adolescencia, debes tener al menos una base elemental de higiene y saber lo verdaderamente importante que es si quieres atraer a las mujeres. Sin embargo, vale la pena repetirlo aquí porque hay muchos hombres, demasiados, de hecho, a los que no les importa ni un ápice el aseo.

No importa si se trata de una aventura de una noche o una relación a largo plazo. Si apestas a dientes sucios y pelo indomable, no vas a conseguir mujeres. Y no deberías hacerlo. Cuida bien tu higiene.

Establece una rutina de higiene y mantenla. Honestamente, es sencillo, y te sorprendería saber cuántos hombres no parecen preocuparse. Aquí hay algunos simples, pero vitales, consejos de aseo e higiene y recordatorios para los hombres.

✔ **Usa desodorante.** Úsalo todos los malditos días, y tal vez añade algunos dos veces al día si lo necesitas. Quieres una fragancia agradable en el desodorante y el antitranspirante, pero no algo que vaya a ser abrumador.

✔ **Lávate la cara.** Deberías lavarte la cara dos veces al día. Lavarte ayuda a asegurarse de que tu cara esté limpia y no va a estallar. Evita usar jabón, exfoliantes y geles corporales en la cara, ya que pueden secar e irritar la piel. Utiliza mejor un limpiador facial.

✔ **Cepíllate los dientes.** Es conveniente cepillarse los dientes tres veces al día. Hazlo por la mañana después del desayuno, después del almuerzo y antes de ir a la cama. Esto mantendrá los dientes en buena forma, y te ayudará a mantener una sonrisa blanca. Recomendaría el carbón activado de teethwhiteningsolutions.com. Tu sonrisa es esencial, como verá más adelante en esta sección.

✔ **Hilo dental.** El cepillado es esencial, pero no olvides lo importante que es el hilo dental también. Usa el hilo dental por lo menos una vez al día, así como cuando sientas que algo se te atasca entre los dientes. Si planeas besar a una mujer, debes asegurarte de que tus dientes y tu aliento estén a punto. De lo contrario, será un fracaso.

✔ **Cambia tus calzoncillos.** Claro, debes cambiarte la ropa interior a diario. ¿Pero siempre hacemos esto? ¿Hay días en los que dices, "Está bien" y sales de casa? Recuerda siempre cambiarte la ropa interior después de un entrenamiento. La ropa interior sucia es un gran problema para las mujeres.

✔ **Lava tu ropa.** Solo porque huelas tus camisas o pantalones y no pienses que apestan, y no veas ninguna mancha, no significa que estén limpios. Acostúmbrate a lavar tu ropa regularmente, cuélgala y dóblala adecuadamente para que no se le formen arrugas.

✔ **Dúchate al menos una o dos veces al día.** Lo ideal es ducharse por la mañana antes de salir, así como por la noche después de un largo día. Lávate al menos una vez al día. Además, asegúrate de ducharte después de hacer ejercicio. Es mejor para tu piel, y asegura que no te quede nada de sudor después del gimnasio. Si vas a salir donde puedas encontrarte con alguien, que es casi cualquier lugar, asegúrate de estar limpio y fresco antes de salir de casa.

✔ **Córtate las uñas.** Fíjate las uñas de las manos y luego las de los pies. Tener las uñas cortadas es algo que las mujeres suelen ver cuando hablan con un hombre que despierta su interés. Si las uñas son lo suficientemente largas para retener la suciedad, entonces son demasiado largas. Si las uñas de los pies comienzan a enroscarse en los bordes, entonces son demasiado largas. No, esto no significa que tengas que invertir en una manicura o pedicura. Solo significa que necesitas tomarte un minuto cada día para revisar tus uñas y asegurarte de que no están fuera de control.

✔ **Aféitate o recorta la barba.** Tener vello facial está bien, siempre y cuando lo mantengas bien cuidado y recortado. Usa aceite para la barba y otros productos para asegurarte de que está en buena forma, y para asegurarte de que no apesta. Sí, algunos hombres tienen barbas tupidas que apestan, y eso va a ser un gran disgusto para la mayoría de las mujeres. Cuando se trata de tener vello facial, algo más que querrás recordar es que no a todas las mujeres les gusta. Al tener barba o bigote, estás limitando el número de mujeres que pueden encontrarte inmediatamente atractivo. Piensa en si necesitas o no una barba.

✔ **Cuida debajo del cuello y del cinturón.** Debes tener en cuenta que quieres asear todo tu cuerpo, incluso donde ella no puede ver cuando te conoce. Debes considerar el aseo de la zona púbica cuando encuentres una mujer con la que acostarte.

Los sencillos consejos anteriores te ayudarán a destacarte sobre muchos hombres.

# Domando tu exceso de confianza

Desarrollar la confianza en uno mismo es algo bueno. Pero en exceso, puede ser perjudicial para tu crecimiento personal e incluso puede matar tu autoestima y, en consecuencia, tu autovaloración. El exceso de confianza se produce cuando tienes una confianza excesiva o un exceso de optimismo sobre ti mismo. Esto puede ser peligroso para tu autoestima y tu bienestar general.

Un hombre excesivamente confiado causará más problemas que los que resuelve. El exceso de confianza matará tu creatividad y te llevará a una espiral descendente. Si tienes exceso de confianza, podrías ignorar los consejos de tus compañeros, familia y colegas, porque crees que puedes manejar todo tú solo, y estás convencido de que tu capacidad es suficiente para manejar la situación en cuestión.

Domar tu confianza es esencial; debes mantener los niveles de confianza que están dentro de los umbrales aceptables. La necesidad de ser mejor que el resto y de ser reconocido por lo que haces a expensas de los demás es una clara señal de exceso de confianza. Hay una delgada línea que separa el exceso de confianza y la arrogancia. El exceso de confianza es el enemigo de lo que quieres y de lo que tienes. Puede hacer que pierdas todo por lo que has trabajado incansablemente durante años.

El exceso de confianza es la voz interior que te dice que eres mejor de lo que eres; inhibe el éxito real e impide una conexión directa y honesta con la sociedad que te rodea. Es una separación consciente de todo. Nos impide trabajar en colaboración con otras personas.

Debes suprimir el exceso de confianza antes de que los malos hábitos que lo acompañan se vuelvan innatos. El exceso de confianza impedirá para siempre tus aspiraciones. Domar tu exceso de confianza es un viaje que tomará más tiempo, dependiendo de cuán dañada esté tu autoestima. Muchos hombres luchan innecesariamente, simplemente porque no se dan cuenta de que el exceso de confianza es la causa de los problemas que enfrentan en la vida. Deberías ser capaz de reconocer el exceso de confianza o de ego y cómo controlarlo.

Puedes manejar tus niveles de confianza. ¿Pero cómo sabes con seguridad si ha alcanzado un nivel donde es necesario domarlo? Aquí hay algunas señales de que necesitas trabajar en tu exceso de confianza:

- Nunca estás satisfecho con tus logros —te encuentras trabajando hacia una meta, diciéndote a ti mismo que una vez que la alcances, serás un hombre feliz y vivirás una vida plena. Pero una vez que lo haces, todavía eres infeliz. Esto es un signo de exceso de confianza y un ego dañado.
- Siempre estás inseguro y envidioso de los demás —esto se representa cuando tienes la constante necesidad de compararte con los demás para encontrar satisfacción. Nunca estás bien donde estás a menos que estés convencido de que es mejor que donde está otra persona. Obtienes la felicidad de saber que eres más inteligente o mejor que los demás.
- Quemas puentes en tu camino —esto puede ser una larga lista de malas rupturas, amistades que se desmoronan después de una discusión, etc. Estas son señales de que tu nivel de confianza

está fuera de control. Si tienes problemas para mantener relaciones sanas, significa que estás seguro de que puedes resolver las cosas solo, y esta es una creencia limitante.

• Exhibes mucha adicción a las redes sociales —la confianza excesiva prospera con la gratificación instantánea de las redes sociales. Si te encuentras siempre buscando algo como tu teléfono inteligente, es una señal probable de que necesites trabajar en tu nivel de confianza.

Si estos puntos se aplican a ti, necesitas dominar tu exceso de confianza. La buena noticia es que es posible domar tu exceso de confianza. Todo lo que necesita es compromiso. Si estás dispuesto a mejorar tu vida, tu autoestima, tus relaciones y tu confianza en ti mismo, este libro es perfecto para ti. Te dará consejos prácticos para domar tu exceso de confianza.

El exceso de confianza te hace ser arrogante. La confianza que hemos discutido en los capítulos anteriores es diferente de la arrogancia que se representa por el exceso de confianza. Puedes tener una confianza excesiva en tus habilidades o capacidades. Puedes aceptarte a ti mismo completamente sin volverte arrogante en tus interacciones con los demás.

Algunas personas argumentarán que el exceso de confianza no es algo malo. Las mismas personas dirán que el exceso de confianza es necesario para tener éxito. La idea de tener éxito, en este ejemplo, significaría ganar estatus, honor y obtener posesiones materiales o prestigio. Solo cuando tu confianza es enorme podrás tener éxito en determinados trabajos o llegar a la cima de la cadena. Por ejemplo, en los trabajos en los que es obligatorio dañar a los demás, llegar a la cima significaría sacrificar tu respeto por los demás en aras de servir a tu exceso de confianza.

# Diez hábitos necesarios para domar el exceso de confianza

Dado que tus niveles de confianza son complicados y tienen varios niveles, no es práctico deshacerse de todo de una vez. Ni siquiera es humanamente posible lograrlo. A continuación se presentan los hábitos que puedes practicar para domar tu exceso de confianza:

### 1. Tener expectativas realistas para tu confianza y objetivos personales

Esto no sucederá al instante, y si tienes expectativas poco realistas solo te causarás un dolor innecesario. En cambio, comprométete a mejorar gradualmente, todos los días en pequeños pasos, siempre que estés avanzando todos los días.

Puedes ver el proceso de eliminar de creencias limitantes y hábitos mentales destructivos de la misma manera que quitar un pesado árbol del jardín. Comienza por identificar los pensamientos existentes que fortalecen tu exceso de confianza, y luego sepárate de ellos, llegando finalmente a un lugar donde puedas dejarlos ir, viéndote a ti mismo como algo separado de la falsa identidad que tu exceso de confianza trajo consigo.

### 2. Practicar la meditación

Este es el método principal para notar tu exceso de confianza y separarte de ella. La meditación es una gran manera de separarse de los hábitos que promueven el exceso de confianza. Varias religiones cantan alabanzas de meditación con frecuencia, y por una buena razón, ya que paga inmensamente a aquellos que se comprometen con ella; no necesitas ser religioso para beneficiarte.

### 3. Reconocer tus pensamientos

La meditación, contrariamente a la creencia popular y a los rumores, no consiste en intentar dejar de pensar. Se trata de aprender a ver tus ideas. Una vez que empieces a hacer esto, verás que la mayoría de estos pensamientos que cruzan tu mente a lo largo del día parecen salir de la nada, y muchos de ellos ni siquiera tienen sentido.

### 4. Eliminar la corriente constante de tonterías

No eliges tus pensamientos, por lo que la publicidad es un negocio exitoso. Estás sujeto a cientos de cosas cada día, a menudo en contra de tu voluntad, y esto es aún más evidente en la era de las redes sociales. ¿Cuántas veces al día te encuentras pensando en alguna tontería al azar que viste antes y que no te importa en absoluto? La buena noticia es que no tienes que someterte a esto, la atención plena te ayudará a desconectar el exceso de "ruido" de estas fuentes.

### 5. Bloquear pensamientos inútiles

La idea aquí no es detener completamente los pensamientos, sino abordarlos cuando aparecen. Con la meditación, puedes darte cuenta de estos pensamientos cuando se manifiestan, aceptarlos y luego dejar pasar los que no valen la pena.

### 6. Aprovechar los pensamientos de poder

Una persona promedio es sacudida durante todo el día por esta cascada de pensamientos, y la meditación te devuelve el poder de ser quien tiene el control. Empezarás a reconocer cuando tu ego empiece a tratar de tomar el control, y te darás la opción de decir que no.

### 7. Encontrar una búsqueda creativa

La creatividad es una excelente fuente de inspiración que puede liberarte del constante parloteo de tus niveles de confianza. La gente a menudo cree que "no son creativos", pero esto no es cierto. Todas las personas son creativas, y lo único que te impide pensar esto es tu exceso de confianza.

### 8. Pasear por la naturaleza

Los humanos en los tiempos modernos viven en un ambiente antinatural y rara vez ven el exterior. Esto lleva a un montón de incomodidad que a menudo ni siquiera se da cuenta. Para neutralizar el exceso de confianza y convertirse en un individuo más saludable y más enraizado, debes recuperar el contacto con tus raíces como miembro de este planeta y empezar a salir más al exterior.

### 9. Pasa algo de tiempo con los niños

Los niños tienen un nivel de confianza menos desarrollado, por lo que son más auténticos y más ellos mismos, algo que muchos adultos han olvidado. Pasar tiempo con ellos puede ayudarte a empezar a pensar de forma más clara y sencilla sobre lo que es realmente importante en la vida.

### 10. Ordenar

Poseer un montón de cosas no es algo malo, pero puede pesarte, y tirar de ti hacia abajo, e intensificar tu exceso de confianza. Es demasiado fácil empezar a equiparar tu propio sentido del valor con lo que posees cuando tienes muchas cosas. Te asustas de lo que pasaría si no tuvieras esas cosas. En otras palabras, temes que la falsa confianza que has acumulado deje de existir si no tienes las posesiones materiales. Cuando te deshaces de algunas de las posesiones, te preocupas menos por las cosas materiales, y al mismo tiempo, disfrutas dando a otros las cosas que ya no necesitas.

# PARTE 3: Autodisciplina

# La autodisciplina y sus valores fundamentales

La autodisciplina es el control que ejerces sobre ti mismo. Por ejemplo, el poder que tienes sobre tus emociones, sentimientos, comportamientos, actividades e incluso sobre lo que piensas. Implica evitar los excesos no saludables que pueden tener consecuencias negativas. Si eres un hombre autodisciplinado, controlarás fácilmente tus impulsos de realizar actividades dañinas o no constructivas que pueden afectar negativamente tu productividad. Tiendes a atenerte a tu misión y objetivos.

A partir de esta definición, puedes confundir la autodisciplina con la fuerza de voluntad. La fuerza de voluntad es la habilidad de establecer un curso de acción y estar seguro de que lo iniciarás y lo manejarás hasta el final. Puedes controlar cualquier impulso perjudicial o innecesario, y tienes la capacidad de superar la postergación y la pereza, así como la capacidad de llegar a una decisión y luego seguir con perseverancia hasta su fin lógico.

La autodisciplina difiere de esto en el sentido de que la fuerza de voluntad te hará empezar a establecer tus objetivos y mantener el rumbo. Pero la autodisciplina es necesaria si deseas realizar tu verdadero potencial en la vida. Una vez que la fuerza de voluntad te ponga en el camino, necesitas algo que te mantenga en marcha, y eso es la autodisciplina. Te da la resistencia para perseverar en cualquier cosa que hagas. Te da la fuerza para soportar las dificultades, ya sean emocionales o mentales. También, la autodisciplina te da la habilidad de rechazar la gratificación instantánea por un bien mayor a largo plazo. Esto puede requerir mucho esfuerzo y tiempo. Por lo tanto, te darás cuenta de que hay una línea muy delgada entre la autodisciplina y la fuerza de voluntad.

Para desarrollar un fuerte sentido de disciplina y fuerza de voluntad, debes hacerte consciente de tus impulsos subconscientes internos y obtendrás la capacidad de descartarlos en cualquier momento en que no sean beneficiosos. En esencia, la autodisciplina junto con una fuerte fuerza de voluntad te permite elegir tu comportamiento y reacciones, en lugar de ser esclavizado por ellos. Te sientes más poderoso y a cargo de ti mismo y de tu entorno cuando recurres a la autodisciplina.

La autodisciplina es esencial si quieres hacer las cosas rápidamente, principalmente porque te ayuda a mantenerte en el camino para lograr tus objetivos. Entonces, ¿cómo puedes desarrollar tu autodisciplina? Bueno, antes de empezar a discutir las diferentes maneras y métodos que puedes usar para desarrollar esta habilidad, es esencial primero explicar las razones por las que la mayoría de nosotros carecemos de esta habilidad clave. Profundizar en estos dos aspectos te ayudará a entender la importancia de desarrollar la confianza en ti mismo.

# Seis razones por las que necesitas autodisciplina

El valor central de la autodisciplina es el éxito. Por lo tanto, es importante ejercer disciplina en cada oportunidad. Las razones para aprovechar la autodisciplina en tu vida incluyen:

1. La falta de ella significará que careces de autocontrol. Así, cuando trabajas en algo, te distraes rápidamente y te rindes a tus deseos, impulsos y sentimientos. No te dedicas a tus misiones, y rápidamente pierdes de vista lo que es esencial y beneficioso para ti. La autodisciplina busca revertir eso; te ayuda a apegarte a lo que sea que hayas planeado hacer, sin importar el nivel de incomodidad o las dificultades que enfrentes en el camino.

Cuando falta la autodisciplina, las posibilidades de desviarse son altas, lo que significa que puedes olvidarte de los deseos y objetivos a largo plazo para siempre. Por el contrario, si practicas la autodisciplina, siempre lograrás todo lo que deseas en la vida.

2. La autodisciplina te permitirá ejercer control sobre ti mismo y evitar pensar o sentirte negativo. Cuando eres autodisciplinado, piensas antes de actuar, haces una lluvia de ideas rápidamente, piensas lúcidamente, te enfocas en las tareas esenciales, completas eficientemente todos los quehaceres que has comenzado, y llevas a cabo exitosamente tus planes y decisiones a pesar de los obstáculos, dificultades e inconvenientes que se te presenten.

3. Además, la autodisciplina te ayuda a tomar las decisiones correctas evaluando las cosas, sopesando sus pros y sus contras; cuando eres autodisciplinado, rara vez tomas decisiones impulsivas erráticas.

4. Adicionalmente, la autodisciplina te ayuda a ser más feliz y más pacífico. Un estudio titulado: *Sí, pero, ¿son felices? Efectos del autocontrol de los rasgos en el bienestar afectivo y la satisfacción de la vida*, fue realizado en 2013 por Wilhelm Hoffman, y demostró que aquellos que tenían un alto nivel de autocontrol eran más felices en comparación con aquellos que carecían de autocontrol. De acuerdo con el estudio, las personas autodisciplinadas manejan mucho mejor sus conflictos de

objetivos, pierden menos tiempo en conductas poco saludables y pueden tomar decisiones positivas con facilidad. Esto, a su vez, mejora sus niveles de paz interior y felicidad.

**5.** La autodisciplina puede ayudarte a evitar tomar decisiones de forma precipitada o impulsiva, haciendo que cumplas las promesas que te has hecho a ti mismo y a los demás, y que sigas trabajando en un proyecto incluso cuando tu entusiasmo se haya desvanecido. Es lo único que te hará despertar cada mañana para hacer algunas de las cosas que sientes que no deberías hacer por tu falta de entusiasmo.

**6.** Con la autodisciplina, puedes desarrollar relaciones saludables, ganarte el respeto de los demás, y también puedes manejar tus pensamientos, reacciones, y eventualmente lograr todo lo que te has propuesto.

De lo anterior, queda claro que cultivar hábitos que mejoren tu autodisciplina es el paso correcto para transformar tu vida.

# Por qué los hombres carecen de autodisciplina

A pesar de que la autodisciplina es un elemento vital que debería formar parte de tu personalidad, muchos hombres carecen de ella y están muy lejos de adquirirla. Pregúntate qué es lo que hace que sea tan imposible superar la pereza, dejar de comer en exceso o dejar de fumar.

La respuesta es que no tienes la autodisciplina para hacer lo que debas hacer para realizar tus metas y deseos. Necesitas saber qué es lo que falta para abordar correctamente la situación. Aquí están las razones por las que puede faltar autodisciplina:

- **La autodisciplina no es una habilidad incorporada**

La autodisciplina no es algo con lo que se nace, es algo en lo que trabajas y desarrollas. Los que son disciplinados han trabajado duro para desarrollar esta fuerza y los que no la tienen deben esforzarse para adquirirla.

- **Programación mental y emocional negativa**

No todos tenemos una "programación mental" positiva y saludable. En la infancia y a lo largo de sus vidas, muchas personas pasan por varios incidentes terribles que inducen al pensamiento negativo, lo que da forma a los comportamientos negativos y les impide ganar autodisciplina.

- **Entornos Negativos**

Un entorno positivo es obligatorio para el desarrollo de la autodisciplina y la fuerza de voluntad. Si la gente que te rodea no te apoya y te desmoraliza constantemente, nunca serás capaz de discernir entre el bien y el mal y de disciplinarte. Si no tienes la suerte de residir en un ambiente positivo, necesitas trabajar creando uno para ti para ganar autodisciplina.

- **Miedo al fracaso**

El miedo a fracasar en algo te impide tomar la iniciativa. Cuando no puedes iniciar tareas y actividades, no puedes avanzar hacia tus objetivos. Esto disminuye tu fuerza interior, una parte integral y esencial del desarrollo de la fuerza de voluntad.

- **Pereza**

Si eres increíblemente perezoso, nunca tienes ganas de hacer nada y siempre pospones. Donde hay dilación, no puede haber autodisciplina. Para desarrollar la autodisciplina, tiene que desaparecer la pereza y la procastinación: es así de simple.

- **Baja autoestima y autoconfianza**

Cuando no estás seguro de ti mismo y no te valoras mucho, no puedes estar seguro de tus habilidades. Cuando no eres consciente de tus fortalezas y no tienes confianza, desarrollar la disciplina para hacer las cosas será un desafío. Es más difícil desarrollar las habilidades que necesitas, porque si tienes baja autoestima y confianza, te parecerá mucho más fácil postergar la tarea, incluso si esta es crítica para el logro de ciertos objetivos.

- **Cayendo fácilmente en la tentación**

Si caes fácilmente presa de diferentes cosas que te alejan de tu objetivo, te falta autodisciplina. Para ganar control y voluntad propia, es esencial superar tus debilidades y tentaciones.

- **Falta de propósito**

Para ser autodisciplinado, tu vida debe tener un propósito, una meta que esperas con ansias y a la que puedes dedicarte. Por el contrario, si no conoces los objetivos de tu vida, y no los has realizado todavía, es probable que te falte autodisciplina.

Por todo lo mencionado, has notado una o dos razones por las que tu autodisciplina es deficiente. La falta de autodisciplina reduce tus posibilidades de conseguir lo que sea que desees en la vida. Por lo tanto, la autodisciplina es una cualidad que debes adoptar en tu vida.

# La mentalidad importa: Cambiando tus creencias limitantes

Esta sección te mostrará el poder de tus creencias. Puede que seas consciente de estas creencias o no, pero en cualquier caso, las creencias limitantes afectan a tus objetivos en la vida. Cambiar tus puntos de vista autolimitantes, incluso de la manera más simple posible, puede tener efectos positivos en tu autoconfianza.

Tu personalidad emana de tu mentalidad. Todo lo que te impide cumplir con tus objetivos está basado en tus creencias y tu mentalidad.

Muhammad Yunus dijo una vez: "Mi mayor reto ha sido cambiar la mentalidad de la gente". Continúa diciendo que: "Las mentalidades nos juegan malas pasadas. Vemos las cosas de la manera en que nuestras mentes instruyen a ver a nuestros ojos."

Todo el mundo tiene una visión sesgada del mundo. Esto se debe a que tus experiencias de la infancia han dado forma a tus creencias en la vida, cómo ves las cosas y cómo percibes la realidad. Por ejemplo, si has vivido en la pobreza toda tu vida, con abuso sexual y emocional, nunca creerás en la bondad que la vida puede traer hasta que decidas hacerlo.

Esto significa que tus pensamientos son un factor significativo que afecta a tu forma de pensar y a cómo ves la vida. Por ejemplo, es posible que no hayas crecido en un vecindario difícil, pero viste a un amigo o vecino que alguna vez fue próspero, que de repente se volvió pobre en un instante. Esto te hará pensar y creer que es posible levantarse y caer rápidamente. Cuando pienses mucho en ello, temerás que pueda pasarte a ti. Y gradualmente, empezarás a creer en ello, y tu mente empezará a buscar formas de hacer que la creencia se cumpla.

Puede que no seas capaz de controlar mucho de lo que ocurre en tu vida, pero una cosa que sí puedes controlar son tus pensamientos. Tu mente subconsciente no puede diferenciar rápidamente entre lo que es real y lo que es una ilusión creada por tu imaginación. La mente aceptará la información que le des y actuará en consecuencia para procesar esa información.

Aquí, la decisión es tuya. Esta sección te ayudará a decidir si continuarás aferrándote a la mentalidad equivocada sobre ti mismo —dejando que el mundo o tu pasado sigan moldeando tu confianza—, o si actuarás para mejorarla. Si deseas cambiar tu forma de pensar, a continuación encontrarás algunas de las creencias negativas de las que debes deshacerte antes de plantar nuevos puntos de vista:

## Tres malas mentalidades que debes evitar

- Perfección

Esta es una de las mentalidades erróneas, ya que puede reducir la confianza en uno mismo. Un concepto erróneo es que solo eres bueno cuando eres "perfecto". Por supuesto, no estarás seguro de ti mismo cuando te equivoques en algo, pero eso no significa que no puedas desarrollar la autoconfianza. El perfeccionismo puede comprometer tu autoestima. Si fijas tu confianza en "ser perfecto", significa que nunca tendrás confianza en toda tu vida, porque nadie es perfecto.

- **Que una mentalidad es permanente**

Puedes creer que tu destino está escrito en piedra y que no puedes cambiar nada de ti mismo. Tiendes a tener la mentalidad de que esto es justo: "Cómo Dios te hizo". Tal afirmación muestra que tu situación es permanente y que no puede ser cambiada. Esta creencia limitante te hará sentir como un ser inferior. Con una autoestima tan baja, no podrás tener confianza en ti mismo. Si tienes una mentalidad tan rígida, a menudo pensarás que esforzarse por tener confianza en ti mismo es una pérdida de tiempo. Los hombres afectados evitarán cualquier cosa que requiera un esfuerzo extremo para cambiar para mejor.

- **El logro es igual a la confianza**

Tus logros pueden, de hecho, hacer que te sientas confiado. Pero esto no debe confundirse con el hecho de que tienes que tener éxitos primero para tener confianza. Por el contrario, puede que tengas tanto éxito en la vida, solo porque estabas seguro en primer lugar. Si lo logras sin confianza, eso se considera un logro accidental. Tomemos el ejemplo del difunto Kobe Bryant, quien desarrolló confianza en el juego de baloncesto desde la infancia. Cuando se unió a la NBA, tenía la confianza suficiente para lograr los mejores resultados, ya que había desarrollado el arte desde su infancia. Necesitarás tener confianza en ti mismo antes de poder alcanzar los objetivos que te has propuesto.

# Siete maneras para desarrollar la confianza con la mentalidad correcta

Hay varias maneras de evitar una mala mentalidad. Algunas son simples y fáciles de implementar, pero otras pueden ser muy duras y costosas. Aquí hay algunas formas prácticas de desarraigar una mala mentalidad que te impide tener confianza y ser un hombre "Alfa":

### 1. Practica afirmaciones positivas

Jimmy Connors dijo una vez: "Úsalo o piérdelo". En lo que respecta a tus pensamientos y mentalidades, cuanto menos ejercites tu mente, más débil se vuelve. Y a medida que la mente se debilita, será propensa a ser afectada por factores externos, lo que afectará significativamente a tu confianza. Al usar afirmaciones positivas (autoconversación positiva), ejercitarás tu mente para tener confianza en ti mismo. Es una forma efectiva de influir en tu mente subconsciente para que tengas más confianza. Las afirmaciones positivas se usan mejor con un compañero. Como tú no eres perfecto, al incluir a un amigo de confianza o a un miembro de la familia, te beneficiarás de su ayuda ya que te recordará cuando te desvíes de tus objetivos. Un compañero te dirá que elimines la mentalidad negativa si ve que vuelve.

### 2. Deja de pensar en las mentalidades negativas

Siempre saca de tu mente las ideas malas. Evita comprometer tu mente pensando en las mentalidades equivocadas. Si piensas en por qué no puedes estar seguro, siempre cuestionarás tu autoestima. Esto es como meditar o pensar en una cosa en particular, tan repetidamente que se convierte en parte de ti. Cuanto menos pienses en las creencias limitantes, más desarrollarás tu autoestima. Si se hace con el tiempo, podrás aumentar tu autoestima.

### 3. Interrógate a ti mismo

La mejor manera de evitar una mentalidad negativa es desafiarla. Puedes lograrlo preguntándote continuamente sobre los beneficios que obtienes de la mentalidad limitante. Esto debe hacerse regularmente, de modo que eventualmente, te encontrarás eliminando completamente la mentalidad limitante que afecta tu confianza.

### 4. Mantén la compañía correcta

Para desarrollar tu confianza, deberías probar a salir con hombres seguros. La transferencia de espíritu se producirá cuando estés rodeado de gente muy segura de sí misma. Serás capaz de copiar lo que están haciendo, y en poco tiempo, y con la práctica, se convertirá en parte de ti. Lo bueno es que con la confianza, una vez que la dominas, es imposible perderla. Pero de nuevo, incluso mientras la adquieres, debes practicar muy a menudo. La experiencia, dicen, es un excelente maestro. Pero aun así, puedes aprender mucho de las experiencias de otras personas. De esta manera, podrás evitar intentar cosas tontas que tus amigos ya han experimentado, y compartieron las repercusiones contigo.

### 5. Busca la excelencia

El viaje a la autoestima requiere que te esfuerces por sobresalir en la vida, en lugar de ser perfecto. Como discutimos antes, la búsqueda de la perfección es el mayor asesino de la confianza. Por otro lado, la excelencia se refiere a que des lo mejor de ti en las tareas que realizas, ya sea en el trabajo o en la familia, en los deportes o incluso en el trabajo escolar. Sobresalir en lo que haces es un impulso significativo para tu confianza. El secreto de la excelencia es aprovechar al máximo lo que tienes en tus manos. La excelencia implica todas las elecciones que haces.

## 6. Practica la mejora continua

Sobresalir es el primer paso para desarrollar tu autoestima. Pero después de eso, necesitas sobresalir continuamente y mejorar tus puntuaciones del último recuento. Es común encontrar que un teléfono costoso que compraste recientemente puede ser considerado obsoleto e inútil en menos de tres meses. Ahora volviendo a ti, las habilidades que has logrado estarán obsoletas en unos pocos meses, y esto afectará significativamente tu capacidad para manejar las tareas de manera excelente, y en consecuencia, afectará tu autoestima.

Por ejemplo, las redes sociales se han convertido recientemente en una fuerza que da forma a la vida personal y a los negocios. La necesidad de expertos en redes sociales ha aumentado significativamente. Muchos se están poniendo al día con esta demanda y han aprendido a ser expertos en marketing. Por lo tanto, si tú estás en el campo del marketing, debes entender las tendencias en el marketing de redes sociales y cómo puedes aprovecharlas eficazmente para aumentar el valor de tu negocio. Estar en la cima del juego es un estímulo para la confianza. Si no inviertes continuamente en tu crecimiento personal o profesional, corres el riesgo de perder tu confianza a largo plazo.

Por el contrario, el crecimiento personal juega un papel importante en el aumento de la confianza en uno mismo. Tú estás muy por delante de muchos con solo leer este libro. La lectura es el medio más crítico y directo de crecimiento personal. Al leer libros, puedes acceder a la mente de muchos; también te proporciona el lujo de la comodidad, ya que puedes leer un libro a tu propio ritmo.

## 7. Visualiza

Otra forma de tener una mentalidad positiva es programar tu mente a través de la visualización. Esta es la capacidad de crear una imagen mental precisa y vívida de lo que quieres en la vida. Crea una imagen mental clara de ti mismo actuando a tu nivel óptimo en cualquier situación dada, y visualízala resultando precisamente de la manera que quieres. De esta manera, tus niveles de confianza aumentarán, ya que en estas visualizaciones te considerarás digno y contribuirás al mundo positivamente.

Por lo tanto, hemos visto que mantener una mentalidad positiva y evitar las creencias limitantes es la clave para desarrollar la autoestima o la confianza en uno mismo. La positividad es el acto de ver la vida o las cosas que suceden en tu vida desde una perspectiva positiva.

Mantener una mentalidad positiva no significa que estés ciego a la negatividad que existe en el mundo. Solo significa que te fijas en las cosas buenas posibles o reales que pueden emanar de los eventos, acciones, situaciones o personas. Con esta sección, has aprendido cómo las creencias limitantes marcan el rumbo de tu vida. Lo que crees impregna cada parte de tu vida adulta.

## Autoevaluación de la mentalidad

Para establecer si estás en el estado mental adecuado para manejar lo que la vida te arroja, necesitas evaluarte haciéndote estas preguntas:

- ✔ ¿Tienes paz mental?
- ✔ ¿Estás en control de tu propia vida?
- ✔ ¿Planeas bien tu vida?
- ✔ ¿Sabes cómo alcanzar tu máximo potencial?
- ✔ ¿Te gustas a ti mismo?
- ✔ ¿Te preocupa lo que la gente pueda pensar de ti?
- ✔ ¿Estás dispuesto a dejar el pasado en el pasado y hacer cambios en tu vida?
- ✔ ¿Esperas lo mejor de ti mismo?

✔ ¿Practicas regularmente el pensamiento positivo y las afirmaciones positivas?

✔ ¿Estás destinado al éxito?

✔ ¿Estás continuamente mejorando y creciendo hacia tu potencial?

Las preguntas anteriores te ayudarán a programar tu mente e incluso te permitirán saber qué pensar. Tú eres el resultado de todo lo que has creído hasta ahora. En lo que te convertirás en el futuro será en última instancia el resultado del contenido de tu mente.

La ley de la creencia establece que todo lo que crees con sentimiento se convierte en tu realidad, y si deseas cambiar tu realidad, primero debes cambiar tus creencias sobre ti mismo. Además, la ley de la expectativa establece que lo que esperas con confianza se convierte en tu profecía autorrealizada, y por esta razón, debes asumir lo mejor de los demás y de cada situación. Por último, la ley de atracción establece que inevitablemente atraes a tu vida a las personas y circunstancias que armonizan con tus pensamientos dominantes. Para atraer a diferentes personas o situaciones, tienes que cambiar tu forma de pensar.

Por lo tanto, nadie permanece igual durante un período prolongado. Estás cambiando continuamente en la dirección de tus pensamientos y objetivos dominantes. Debes tener en cuenta el tipo de persona que te gustaría ser y los objetivos que quieres lograr. Para desarrollar la autoestima, tienes que dejar atrás el pasado. Tienes que desarrollar nuevos hábitos y patrones de pensamiento sobre ti mismo. Esto se hace pensando, hablando y actuando de una manera que sea consistente con la persona que deseas ser en el futuro, con los atributos y características que te gustaría adoptar.

# La fortaleza mental: El método "Cero M*erda"

La fortaleza mental es tu capacidad para hacer frente a las presiones, los factores estresantes y los desafíos y para obtener los mejores resultados posibles, a pesar de las circunstancias en las que te encuentres. También se define como la capacidad de levantarse después de los fracasos y reveses, y la resolución de detectar y aprovechar las oportunidades que se presenten.

También, la fortaleza mental puede definirse como un "carácter en acción". Esta definición fue acuñada por el famoso entrenador de fútbol, Vince Lombardi. La fortaleza mental es esencial porque compensa la falta de habilidad, capacidad natural y fuerza. A menudo se oye decir que las personas que están en la cima de cualquier campo no son los más talentosos; son los que se quedaron y se mantuvieron en él a pesar de los desafíos que enfrentaron. La fortaleza mental impide que te conviertas en un desertor. En el documental "Pumping Iron" (1977), Arnold Schwarzenegger dice que hay que seguir y seguir, sin importar lo que pase. Esta determinación es lo que lleva a un atleta a través de la competencia en un maratón: debes seguir corriendo hasta que llegues a la meta.

Por lo tanto, como quiera que lo llames —agallas, pelotas, ingenio, o voluntad— esto es lo que llamamos "fortaleza mental". La pregunta ahora es: ¿cómo te vuelves mentalmente saludable y fuerte?

Si preguntas por ahí, muchos entrenadores, atletas y líderes corporativos te dirán que la fortaleza mental es innata o se desarrolla en las primeras etapas de la vida, dependiendo del entorno en el que crezca un niño. Es un desafío transformar a las personas, pero al darte cuenta de que eres capaz de mejorar los diversos aspectos de tu vida, debes seguir con el mayor optimismo.

## Habilidades que definen a un hombre mentalmente fuerte

Las personas mentalmente fuertes rápidamente llegan a posiciones de influencia y poder en los negocios, el liderazgo, los deportes e incluso en la vida. Al observarlos con atención, los expertos han esbozado algunas habilidades comunes en todos ellos.

Estas habilidades definitorias incluyen, pero no se limitan a:

- **Un híperenfoque.** Esta es la habilidad de desempeñarse a niveles máximos con facilidad sin ceder a las distracciones y con claridad mental. Esto se llama "estar dentro de la zona".
- **Una mentalidad ganadora.** Una mentalidad ganadora es una actitud que debes ganar o al menos operar al máximo nivel de eficiencia posible, manteniendo la consistencia. Para ello, debes tener una fuerte creencia y fe en tu campo de experiencia y habilidades a pesar de los desafíos que se te presenten.
- **Fuerza de voluntad.** Como se ha señalado anteriormente, la fuerza de voluntad combina esfuerzo, intención y coraje. El objetivo es la "voluntad" en la fuerza de voluntad. Es la insistencia en permanecer en la misma tarea hasta que todo el trabajo esté hecho. El esfuerzo que se pone en hacer algo es el poder. Te impulsa a lograr lo que se requiere de ti a pesar de los desafíos

que encuentres. El coraje es la disposición para soportar todo el miedo y otras emociones que necesitas para realizar la tarea.

- **Serenidad.** Una persona mentalmente fuerte tiene que mantener la calma bajo presión. A medida que la situación se agrava y todos los demás se vuelven locos, el individuo se mantiene calmado, se toma el tiempo para evaluar la situación, y luego hace el mejor movimiento posible. Debes permanecer involucrado en el caso sin importar cuán alta sea la presión.

- **Buen perdedor.** Junto con la mentalidad de un ganador está la habilidad de aceptar que el ejecutante es capaz de fracasar. A veces, incluso con la mayor concentración y una costosa inversión de habilidades y recursos, puedes fallar en el cumplimiento del objetivo establecido. Sin embargo, el truco está en tu capacidad para extraer lecciones y valores de cada experiencia y canalizarlos en la siguiente prueba, para un éxito continuo.

- **Reconocimiento.** Para desarrollar la fortaleza mental, necesitas reconocer cada situación, tanto la buena como la mala. Una persona mentalmente sana está lista y dispuesta a asumir esa responsabilidad y presión. Crees que, sean cuales sean los desafíos y las probabilidades, debes encontrar una solución. En caso de fracaso, harás un balance, evaluarás tus pasos para ver dónde te equivocaste, extraerás lecciones, y luego seguirá adelante. Sabes cómo superar las emociones y pensamientos negativos de manera efectiva.

- **Preparación.** La preparación implica mucha planificación. Un buen hombre planificará con suficiente antelación. También creará un plan de respaldo que puede ser activado si, de hecho, el plan original falla o simplemente no funciona. La planificación y la preparación de esta naturaleza te permiten permanecer tranquilo, independientemente de la situación. Además, la tarea en sí puede ser retomada y finalizada completamente, sin tener que volver al punto de partida. Es más, tu espíritu no queda aplastado, y el ritmo de ejecución no se ve muy afectado por la pérdida y el fracaso percibido.

- **Listo para asumir el reto.** Una persona mentalmente fuerte no lloriquea. Tú no te quejas. Lo que sea que se te presente, lo aceptas de buena gana. Ya sea que tengas que quedarte despierto hasta tarde para trabajar en algún proyecto, ya sea que tengas que contratar más gente para entrenar, ya sea que corras varios kilómetros más. Sea lo que sea, tienes una actitud de "adelante", y esto produce exposición, experiencia y éxito.
- **Optimización del estrés.** Es la capacidad de manejar la presión y el estrés durante cualquier evento, sin ninguna ansiedad, miedo o duda, o al menos mantener tu rendimiento sin que se vea afectado por ellos. Un individuo que ha aprendido a optimizar el estrés aprovechará un entorno estresante y obtendrá resultados que otros no podrían haber presentado en condiciones similares.
- **Estira los límites.** Esta es tu capacidad para exigir el máximo esfuerzo físico, incluso frente al estrés mental y físico. Podrías tener dolor o molestias físicas y comprometerte a dar el mejor rendimiento independientemente de la situación en cuestión. Hemos visto a atletas con fuertes dolores físicos terminar la carrera en las pistas.

Hemos visto las habilidades que necesitas desarrollar, para afirmar que eres un hombre mentalmente duro. Ahora, veremos los métodos utilizados para lograr la fortaleza mental. A continuación se presentan los enfoques o hábitos "cero m*erda" que debes practicar diariamente para convertirte en una persona mentalmente fuerte:

# Hábitos rutinarios de los hombres mentalmente duros

Si eres un hombre mentalmente duro, existe una gran posibilidad de que no hayas nacido duro. Has desarrollado estos hábitos críticos y los has estado practicando todos los días, lo que te diferencia de otros hombres. Estos hábitos son discernibles en la forma en que abordas la vida y los desafíos que te llegan. Los métodos de un hombre mentalmente duro son usualmente diferentes al enfoque de un hombre promedio.

Como dijo Henry Ford de Ford Motors una vez: "El fracaso es simplemente la oportunidad de empezar de nuevo, esta vez de forma más inteligente". Una vez que hayas identificado los errores que te impiden tener éxito, tendrás que desarrollar la actitud mental correcta para ayudarte a navegar a través del fracaso, superar los desafíos y las diferentes opiniones, y los malos hábitos que te asfixian.

Estos son algunos de los hábitos que debes practicar diariamente para desarrollar la fuerza mental y la resistencia que necesitas:

- **Practica la gratitud.** Como una persona mentalmente sana, contarás tus bendiciones todos los días, en lugar de tus problemas, para ayudar a mantener tu vida en perspectiva. La "actitud de gratitud" trae la alegría que elimina todos los sentimientos negativos, y eleva tu estado de ánimo, en la preparación para las tareas en cuestión.
- **Acepta los desafíos.** Para una persona mentalmente dura, un desafío es solo una oportunidad para hacerse más fuerte. Con cada victoria, te vuelves más confiado y mejor en lo que haces.
- **Mantén límites saludables.** Los límites emocionales, sociales y físicos crean el espacio que una persona de mente dura necesita para crecer. A pesar de que decir "no" puede decepcionarte si estás tratando de superar los límites, estás feliz de tomar ese riesgo, por el bien de asegurar el éxito en el futuro.
- **Mantén el poder personal.** Una persona fuerte no permite que una persona negativa ejerza ningún control o influencia. Tampoco está dispuesta a utilizar a otras personas como excusas para justificar por qué se le está reteniendo o arrastrando; asume toda la responsabilidad de sus acciones.
- **Solo concéntrate en las cosas sobre las que tienes poder.** Las personas mentalmente fuertes saben el valor de ser continuamente efectivas y productivas en sus roles. Esto solo se puede lograr cuando te concentras en las cosas que puedes controlar, en lugar de perder el precioso tiempo pensando en

tormentas actuales o futuras sobre las que no tienes control. Gastarás energía en prepararte y responder a algo que ocurre, en lugar de intentar evitar que ocurra.

Por ejemplo, si el país espera entrar en una recesión, no intentas prevenirla; sería una completa pérdida de tiempo. En cambio, trabajas en manejar la organización y en la planificación de la respuesta que la empresa tendrá cuando llegue la recesión. ¿Disminuirá la producción? ¿Cómo afectará eso al mercado? Una mente estable pensará en esos temas.

- **Haz las paces con el pasado.** El pasado solo es esencial para una persona de mente dura por sus lecciones. Reflexiona sobre ello para que sea una lección, no te arrepientas de tus acciones o las de los demás. Tampoco guardes rencor.
- **Aprende de los errores.** En lugar de castigarse por un error, una persona mentalmente sana se centrará en las lecciones aprendidas. Asumirá toda la responsabilidad de su comportamiento y elegirá seguir adelante, positivamente.
- **Toma riesgos calculados.** Cada decisión que tome una persona mentalmente dura debe estar respaldada por la lógica, de modo que cada riesgo que tome sea calculado para sus posibles ganancias o pérdidas. Como tal, debes estar dispuesto a salir de tu zona de confort para buscar oportunidades y soluciones no tradicionales que te impulsen al éxito.
- **Ten un tiempo a solas.** Cualquier persona exitosa te dirá el valor del tiempo a solas. Cuando te dejen solo con tus pensamientos, puedes meditar, escribir un diario, planear y reflexionar. Algún tiempo de soledad es esencial para cualquier mente creciente e innovadora.
- **Asume toda la responsabilidad.** Como se mencionó en un punto anterior, como una persona mentalmente fuerte, tú te harás cargo de tu vida. No esperes a que se te den oportunidades, ni te sientes a quejarte de lo que debería haber sido o de lo que se te debe. Sales y haces que suceda.

- **Persevera.** La gente fuerte cree que las cosas buenas llevan tiempo y que vale la pena esperarlas. Serás persistente y paciente mientras te esfuerzas por alcanzar determinados hitos en el viaje de tu vida.
- **Sé realista en tu optimismo.** Las personas mentalmente fuertes no son soñadoras. Se niega a que lo depriman las opiniones y predicciones pesimistas, pero aun así, no se permitirá estar demasiado confiado.
- **Permite la incomodidad.** El dolor es una parte necesaria del proceso, y una persona mentalmente dura no teme experimentarlo. Puede significar cansarse demasiado o resistir la necesidad de ser gratificado instantáneamente. Esto requiere mucha autodisciplina para soportar la incomodidad.
- **Trabaja en los hábitos no saludables.** Como una persona mentalmente fuerte, no permitirás que tus hábitos no saludables se interpongan en el camino del éxito. Entiendes que la mente tiene la capacidad de convertirse en el peor enemigo de tu éxito. Por lo tanto, trabaja continuamente contra el exceso de comida, tu mal genio, apretar el botón de "snooze", ver películas que alteran la mente y otros comportamientos negativos que limitan el éxito.
- **Usa tu capacidad mental sabiamente.** Como persona mentalmente fuerte, no te quejarás de las cosas que no puedes cambiar, ni seguirás repitiendo algo que sucedió en el pasado. Sabes que no debes dedicar tu energía a actividades y tareas improductivas. Tus recursos limitados, como el tiempo y la energía, se utilizan con moderación y de manera correcta.

# Cinco hábitos de autodisciplina para la mejora diaria

En la sección anterior, hemos explorado por qué puede faltar la autodisciplina. Es una cualidad que debe adquirirse en primer lugar mediante la evaluación de uno mismo y luego practicar los hábitos que mejorarán tu autodisciplina. Como la autodisciplina es una cualidad excelente, no debes esperar a que aparezca de forma natural, porque no lo hará. Deja todas tus excusas y practica los hábitos de autodisciplina diariamente.

Comienza por identificar tus objetivos y metas, así como determinar por qué deseas deshacerte de todos los comportamientos erróneos. Evitar las excusas es uno de los muchos hábitos que debes practicar diariamente para convertirte en un hombre disciplinado.

A continuación se describe detalladamente los cinco hábitos de autodisciplina que debes practicar diariamente:

> **1. Entra en acción.** No esperes al momento adecuado; es común encontrar consejos que te digan que hagas algo cuando te parezca correcto y que te detengas cuando no tengas ganas de hacerlo. Se dice que debes seguir tu instinto.

Desafortunadamente, esto se basa en las emociones, que a menudo son inestables y muy impredecibles. Todo hombre tiene una montaña rusa de emociones. El desarrollo de la autodisciplina consiste en aprender a superar el bloqueo que se crea, como esperar el momento adecuado para hacer algo.

Como se describió anteriormente, la autodisciplina es lo que te mantiene enfocado en tus objetivos, incluso cuando ya no te sientes entusiasmado. Esto significa que las emociones no deberían ser un factor determinante para empezar a hacer algo o no. Por lo tanto, estás esperando el momento o la sensación adecuada, y este es un enfoque equivocado para desarrollar toda la autodisciplina que necesitas en la vida.

Elegir trabajar o no trabajar en una tarea basándose en la comodidad que ofrece es el enfoque equivocado para hacer cualquier cosa, y es una táctica que puede impedir que ganes autodisciplina.

Si tienes la mentalidad de que debe esperar el momento adecuado y la emoción para hacer algo, contrarresta eso revisando tu "¿Por qué?". Por supuesto, al desarrollar tu lista de razones para perseguir un objetivo, nunca incluiste tus emociones en ella, así que ¿por qué deberían ser un factor determinante a la hora de hacer las cosas? Pero, ¿cómo puedes superar el hábito de esperar el momento y el sentimiento adecuados? La respuesta es: entrando en acción, incluso si es incómodo hacerlo.

**2. Deja el hábito de poner excusas.** A continuación, debes descartar tu comportamiento no saludable de inventar excusas para retrasar una tarea. Esto tiene todo que ver con la postergación. No puedes llegar lejos en tu búsqueda de desarrollar tu autodisciplina si lo postergas continuamente. La razón por la que has estado luchando a lo largo de los años para lograr tus objetivos es probablemente porque inventas excusas para no empezar (lo que equivale a postergar).

Déjame darte un ejemplo de la forma que toman las excusas. "No podré ir a correr porque mi compañero de jogging no vendrá" o "No iré al gimnasio por 30 minutos hoy porque quiero ir por una hora la próxima vez". Bueno, todas estas son excusas. Sin embargo, si quieres transformarte en una versión que no da excusas, tendrás que ser muy honesto contigo mismo para determinar la verdadera razón por la que no quieres hacer algo que debe hacerse para lograr tu objetivo.

Por ejemplo, si se te ocurre una excusa como "No voy a salir a correr ahora que hace mucho frío afuera", entonces debes ser honesto contigo mismo y declarar la verdadera razón por la que no corres. Di a ti mismo, "No voy a correr porque me siento perezoso y me falta la voluntad de hacer algo saludable."

Nadie admitirá que es perezoso. Es por eso que esta comprensión te empujará fuera de tu zona de confort autodefinida de pereza, para probarte a ti mismo que no eres perezoso. Con el tiempo, será fácil transformar tu vida cuando dejes de dar excusas por tu incapacidad de actuar.

**3. Desarrolla un plan de acción y entra en acción.** Este es un hábito que necesitas desarrollar y practicar diariamente. Para desarrollar la autodisciplina, tendrás que trabajar en tus metas personales preparando un plan de acción para ellas. Aquí está cómo hacerlo:

✔ Haz su plan de acción. Puedes crear un plan de acción tabular o usar Excel o MS Word para crear uno. Averigua qué pasos tienes que llevar a cabo y en qué orden deben realizarse para hacer lo que hay que hacer para alcanzar un objetivo determinado.

Asegúrate de añadir columnas o secciones esenciales, como "acción a tomar", "tiempo para comenzar la tarea", "posibles problemas que podría enfrentar", "estrategias que puedo adoptar para superar los problemas" e "informe sobre la marcha de los trabajos". A continuación, es necesario llenar las columnas con el contenido apropiado.

✔ Prepárate para tomar medidas. Una vez que hayas completado la información requerida para lograr un objetivo, lo siguiente es tomar acción. Pero antes de hacerlo, asegúrate de revisar el documento para "absorber" todo lo que hay en él. También debes usar esta revisión para identificar cualquier defecto en el documento, y si encuentras alguno, asegúrate de hacer los cambios necesarios.

A continuación, debes prepararte para tomar acción. En este caso, la acción se refiere a los pasos a seguir para lograr tus objetivos. Por ejemplo, tus esfuerzos podrían incluir actividades como encontrar una buena clase de yoga e inscribirte en una para comenzar tu viaje hacia la pérdida de peso con el yoga, si eso es lo que quieres lograr. Y mientras lo haces, debes dejar que tu plan de acción te guíe a la acción. Pero si el plan de acción no es lo suficientemente detallado como para que tenga los detalles específicos o incluso los más pequeños, puedes conseguir que alguien te ayude con ideas para pasar a la acción.

✔ Anticípate a los problemas que puedan surgir y encuentra soluciones. Es necesario considerar cualquier posible problema o problemas a los que probablemente te enfrentes cuando trabajes en tu plan de acción y elaborar estrategias que te ayuden a superar esos problemas.

Por ejemplo, si te preocupa apagar la alarma cuando suene a las 5 de la mañana y te quedes dormido otra vez, entonces un problema potencial podría ser "probablemente me quedaré dormido". Entonces identifica cualquier solución factible que pueda ayudarte a abordar este problema. Por ejemplo, podrías pedirle a tu pareja o a tu compañero de cuarto que te despierte y se asegure de que no te vuelvas a dormir. Podrías tener un compañero de responsabilidad que te asegure que sigues tu plan de acción. Podría llamarte a la hora de hacer ejercicio y seguir llamando hasta que te despiertes. Piensa en estrategias similares como estas para inculcar respeto en tu plan de acción.

✔ Revisa tu plan regularmente. No puedes saber lo bien que lo estás haciendo si no haces un seguimiento de tu progreso. Esto significa que no podrás saber si realmente estás siguiendo tu plan de acción.

Por lo tanto, es importante que hagas los planes necesarios para saber qué tan bien te estás desempeñando con respecto al seguimiento de tu plan de acción. Por ejemplo, si quieres perder peso (digamos 15 libras en dos meses), tendrás que determinar con qué frecuencia te pesará para determinar tu progreso. Si notas algún defecto en tu plan de acción, este es el mejor momento para solucionarlo. Esto aumentará tus posibilidades de seguir el procedimiento y fomentar tu autodisciplina.

✔ Nunca repitas los errores. Estás obligado a cometer errores a lo largo del camino. Eso está bien. Nunca te menosprecies, critiques o te odies a ti mismo por cometer un simple error. Todo lo que necesitas hacer es levantarte, respirar y seguir presionando. Estudios demuestran que cuando cometes un error, es probable que te cierres o intentes resolver el problema. Si te concentras en tus errores y luchas por corregirlos, es más probable que tengas éxito, en lugar de pasar por alto tus defectos o ignorarlos por completo.

✔ Cuando descubras tu error, tómate un tiempo para reflexionar sobre los errores tan objetivamente como sea posible y evita culparte o criticarte por cualquier mala acción. Quieres animarte a la acción, no criticarte por tus defectos. Reflexiona sobre los aspectos positivos y los beneficios que vendrán con el fomento de la autodisciplina. Esto te dará una visión de conjunto, aumentando así tus posibilidades de sentirte motivado para la acción, en lugar de sentirte mal por cometer errores.

**4. Practica la superación de las tentaciones.** A medida que trabajes en el desarrollo de la autodisciplina, debes anticiparte a enfrentar muchas "tentaciones". Cambiar de la persona que fuiste en un principio, una persona que carecía de autodisciplina, a una que tiene una excelente autodisciplina, va a tomar algún tiempo y tendrá una curva de aprendizaje empinada.

No debes esperar pasar de un extremo a otro del espectro instantáneamente sin enfrentarte a ninguna tentación de volver a los hábitos a los que estás tan acostumbrado.

Aquí hay algunas estrategias sobre cómo superar las tentaciones y mantenerte comprometido con tu objetivo:

✔ Despréndete de las atracciones que te llevan a las tentaciones.

✔ Prepárate para resistir la tentación.

✔ Sopesa la gratificación instantánea contra las consecuencias a largo plazo.

✔ Mantente ocupado con cosas importantes para evitar caer en la tentación.

**5. Inspírate y desarróllate.** La autodisciplina no solo se crea eliminando las tentaciones de tu vida; tomando las decisiones correctas; siguiendo tus planes de acción; y desechando las excusas. Hay otra cosa que también necesitas hacer: nutrirte y mantenerte motivado.

Ganar autodisciplina puede ser un gran desafío, sobre todo si no estás acostumbrado a ello. Cometerás errores al principio y probablemente incluso consideres renunciar. Pero como esto sucede principalmente cuando no te alientas a ti mismo, necesitas idear estrategias creativas que puedas seguir para mantenerte motivado mientras trabajas para transformar tu autodisciplina.

Aquí hay algunas formas seguras de inspirarse:

✔ Elógiate todos los días.

✔ Cuida bien de ti mismo.

✔ Duerme lo suficiente.

✔ Haz ejercicio regularmente.

# Metas de poder: Pensar a largo plazo para el éxito

Para tener éxito en la vida, debes crear una visión clara de lo que quieres en la vida. Establece metas claras. En los capítulos anteriores, has aprendido sobre las formas de eliminar las creencias limitantes. Ahora puedes reafirmar tus objetivos personales y darles vida de una manera que se registrará en tu mente inconsciente y ayudará a que suceda.

Tener una imagen clara de tus metas y objetivos en el futuro te inspirará y te mantendrá enfocado en hacer todo lo necesario para lograr la meta. Esta última sección de este libro te guiará a través de:

- Por qué el establecimiento de metas es clave para el éxito a largo plazo.
- ¿Qué es lo que funciona bien al establecer metas?
- Aprenderás las cinco condiciones necesarias para el éxito de las metas.
- Aprenderás cómo hacer que tus metas sean convincentes.
- Aprenderás cómo instalar tus metas para el éxito a largo plazo.

## Establece tus metas

Deberías establecer tus metas de la manera correcta para el éxito. Hay una forma correcta, y hay una forma incorrecta de establecer tus metas. El enfoque correcto debería ser el camino SMART porque te permite planear, actuar y analizar el progreso que has realizado.

Es más probable que tengas éxito en la vida si eres bueno analizando tu progreso y haciendo un seguimiento de las cosas que se supone que debes lograr para tener éxito.

El viaje hacia el éxito siempre comenzará con la fijación de metas. Estas metas se convertirán en el foco central de tu vida. Debes elegir el menor número de metas posibles, ya que cuantas más metas te propongas, más te llevará alcanzar cada una.

Debido a que necesitas limitar tu atención a unas pocas metas como sea posible, sin duda tendrás que dejar de trabajar en otras metas menos importantes. Si temes hacerlo, debes preguntarte si el hecho de haberte extendido hasta ahora te ha ayudado a lograr algo en la vida.

### Cómo establecer la meta correcta

La meta o los objetivos en los que elijas centrarte tienen que ser tan importantes que puedan transformar tu vida. También tienen que proporcionar más beneficios que descuidar tus objetivos menos vitales. En otras palabras, como ejemplo, tienes que sentirte bien renunciando o retrasando el convertirte en un gran jugador de golf e ir al gimnasio para desarrollar un six-pack a cambio de mudarte a la casa de tus sueños.

### Objetivos de transformación comunes

**1. Ponerse en forma.** Esto incluye: perder peso, hacer más ejercicio, reemplazar los malos hábitos por otros saludables. Si tu bienestar a largo plazo está en peligro, ningún otro objetivo es tan importante como seguir las órdenes de tu médico. Renuncia a cualquier otra aspiración y conviértala en tu máxima prioridad.

**2. Construir un negocio, avanzar en tu carrera o renovar tu marca.** Esto incluye aprender habilidades y adquirir las credenciales necesarias para cambiar de ocupación.

**3. Encontrar una pareja, comenzar una familia, cuidar de tus hijos y otros objetivos relacionados con las relaciones.** Al igual que cuidar de tu salud, esto puede ser a veces más crucial que cualquier otro propósito. Salvar tu matrimonio es más importante que desarrollar tu carrera.

**4. Aprender una habilidad o desarrollar un rasgo que produzca un cambio profundo en tu vida o te dé más oportunidades.** Esto podría incluir: eliminar la procastinación de tu vida, aprender un idioma extranjero, superar la timidez, convertirte en un orador público profesional o superar una fobia paralizante.

**5. Objetivos de estilo de vida, como viajar, comprar una casa y mudarse al lugar de tus sueños.** Debes estar seguro de no poder imaginar tu vida sin hacer realidad esta meta u objetivos. Esto es imperativo; si no piensas en tu objetivo como una necesidad en tu vida y un deber absoluto, no lo lograrás.

Cuando me fijé una meta para convertirme en un empresario exitoso, no fue solo un deseo. No había ningún escenario posible en el que no fuera a tener un negocio rentable. Era incapaz de imaginarme trabajando para alguien más.

Si no tienes una convicción y deseo tan profundos por la meta o los objetivos que quieres alcanzar, reconsidéralos. Toda la estrategia se basa en la suposición de que eventualmente lo lograrás o morirás en el intento (y "eventualmente" aquí significa que lo intentarás una y otra vez, aunque te lleve décadas).

Debes establecer objetivos claros, ya que te dan una dirección. Cuando sepas cuáles son tus objetivos, verás el camino que tienes que seguir para llegar allí, y tendrás algo a lo que aspirar, para que puedas hacer ajustes si te desvías del camino. Tener un sentido de propósito es una necesidad humana fundamental. Sin esto, te vuelves infeliz. Con la fijación de objetivos, serás más flexible y resistente y podrás hacer frente a las condiciones cambiantes a medida que te desarrollas continuamente.

### Cómo seleccionar los objetivos a perseguir

¿Qué sucede cuando tienes varios objetivos que perseguir y no estás seguro de cuáles debes abandonar y cuáles deben esperar? Hay varias técnicas que puedes usar para decidir. A continuación se presentan algunas:

- **Intenta tirar una moneda al aire.** Esta técnica suena ridícula, pero debe ser abordada con una mente abierta. Si necesitas decidir entre dos objetivos, asigna objetivos a cada lado de la moneda y lánzala. Sabrás qué objetivo está más cerca de tu corazón antes de que la moneda caiga, porque te encontrarás a ti mismo buscándolo. Presta atención a esa respuesta emocional que ocurre mientras esperas ver el resultado de lanzar la moneda.

Si no tienes una moneda cerca, usa un randomizador en línea, o toma dos hojas de papel, escribe los objetivos y pide a otra persona que elija uno de ellos sin mostrarle las respuestas. De nuevo, presta atención a lo que esperas que sea el resultado.

Este enfoque a menudo funciona mejor que analizar cada objetivo y tratar de tomar una decisión lógica. Podría ser porque cuando se trata de establecer los objetivos que más te importan, tu instinto suele saber más.

- **Piensa en tus valores más críticos.** Otra técnica que puede ayudarte a reducir tu lista de objetivos o a priorizarlos es pensar en tus beneficios clave.

Para mí, uno de mis valores más importantes es la libertad personal; por lo tanto, mi objetivo era convertirme en un empresario exitoso.

¿Qué es para ti? ¿El estado actual de las cosas te impide adoptar plenamente tus valores más cruciales en tu vida cotidiana?

Por ejemplo, si la emoción es uno de tus valores principales, pero trabajas en una corporación chupa-almas, chocará con tus valores por el resto de tu vida hasta que hagas algo al respecto. Esto indica que encontrar un trabajo más excitante podría ser una buena meta a elegir como tu objetivo principal.

- **Metas que no puedes esperar a alcanzar.** Generalmente es fácil evaluar si a alguien le importa algo viendo su paciencia para ello. Si tienes un historial de rendirte después de experimentar el primer fracaso, son buenas las posibilidades de que el objetivo que has elegido no sea tu prioridad. Por otro lado, si te niegas a rendirte (incluso cuando todo el mundo a tu alrededor duda de tu capacidad para tener éxito), es un indicador de que estás trabajando en el objetivo correcto.

Ahora ya sabes cómo establecer los objetivos correctos y qué objetivos dejar de lado. El siguiente paso es cómo priorizar los objetivos y cómo asegurarse de que sean realistas para ti. Aquí, las dos preguntas cruciales que tienes que hacer son "cuándo" y "cómo" empezar.

Antes de comenzar el viaje hacia el éxito, y trabajar hacia los objetivos establecidos, deberías hacerte las siguientes preguntas:

1. **¿Las circunstancias negativas predominantes supondrán un desafío?** En la mayoría de los casos, probablemente no te arrepentirás de haber empezado más temprano que tarde. Sin embargo, en algunos casos, esperar puede ser una opción más razonable.

2. **¿Has consultado con la almohada?** Muchos libros enseñarán con entusiasmo sobre cómo debes empezar ahora, de inmediato, sin necesidad de reflexionar. He descubierto por mi experiencia personal que es útil consultar a la almohada sobre cualquier nuevo objetivo que hayas elegido, antes de tomar medidas.

Primero, a la mañana siguiente probablemente lo veas desde una perspectiva ligeramente diferente, lo que podría darte mejores ideas sobre cómo proceder. Habrá más lógica involucrada en tus procesos de pensamiento y no será mayormente desde tu lado emocional. Segundo, si no estás ni la mitad de entusiasmado de lo que estabas el día anterior, es probable que solo sea una idea improvisada que no se presta a un plan a largo plazo.

3. **¿Estás de acuerdo con el lado oscuro de trabajar para lograr este objetivo?** Esta es la última pregunta que debes hacerte antes de comenzar a perseguir tus metas. Cuando estás entusiasmado por establecer un nuevo propósito y cambiar tu vida, es fácil caer víctima de un sesgo de confirmación, en el que buscas exclusivamente información que confirme tus creencias, mientras rechazas el conocimiento alternativo o contrario.

# Bono - Los diez mejores consejos para ser un hombre seguro

**1. Creer que puedes tomar buenas decisiones**

La clave de la confianza en uno mismo y la autoestima es creer que puedes tomar esas buenas decisiones. Los enfoques basados en la atención, el enfoque en el momento y las afirmaciones positivas de que puedes hacerlo, fomentan la creencia en ti mismo.

**2. Desconectar la negatividad**

Junto con el primer consejo, debes aprender a desconectar la negatividad. Sé consciente de lo que ha pasado anteriormente, pero mantén un ojo en el aquí y ahora. Puedes elegir no escuchar la fealdad y la negatividad de los demás, y de ti mismo también.

**3. Acepta y aprende de los errores**

Todos han cometido errores, pero no hay que avergonzarse. Deja la vergüenza a un lado y acepta esos errores; pregúntate qué has aprendido al cometerlos.

### 4. Concéntrate en el bien

Al revisarte, debes centrarte en tus activos personales, físicos e intelectuales. Debe haber cosas positivas que puedas decir; ¡nadie tiene una vida completamente negativa!

### 5. Practica la gratitud

Esto impactará positiva y directamente en tu autoestima. ¿Por qué estás agradecido? ¿Cuáles son las cosas buenas de tu vida? Haz esto mientras usas la atención plena, podrías sorprenderte de las respuestas.

### 6. Cambia tu conversación mental

Mírate en el espejo; mírate bien y luego di algo positivo sobre tu cuerpo, mente, personalidad, sentimientos, etc. Si no puedes, tienes que apagar la "cinta" de conversación negativa y encender la positiva.

### 7. El cambio es constante. Acéptalo y aprovéchalo.

Todos cambiamos todo el tiempo y lo que ves de ti mismo hoy será diferente mañana, aunque sea un cambio menor. Pregúntate a ti mismo qué estás haciendo para provocar cambios positivos. ¿Estás trabajando duro en tu cuerpo, mente y espíritu?

### 8. Tú ERES digno de sentir felicidad - ¡Acéptalo!

La felicidad es una parte importante de la vida, pero no atraerás el éxito a menos que y hasta que creas que eres digno de esa felicidad. Hay una gran diferencia entre merecer la felicidad y ser digno de ella: cuando eres digno, puedes absorber esa felicidad completamente en tu ser.

### 9. Sé consciente de tu cuidado

El autocuidado es una parte importante de la vida. Ya sea a través de la actividad física, el fisiculturismo, la dieta, incluso el aseo personal y el cuidado de la salud mental. Invierte los recursos y el tiempo en el autocuidado y consigue cambios positivos y bienestar.

## 10. Acepta las imperfecciones

Nadie es perfecto, no importa cuánto crean que lo son. Cada defecto que identificas en ti mismo es probablemente uno compartido por otros hombres, pero pregúntate esto: ¿son realmente tan malos los defectos? ¿Puedes aceptarlos como parte de lo que eres? Tus imperfecciones son parte de lo que eres. ¡Acéptalas!

# Conclusión

Ahora que has leído el libro, seguido de los ejercicios proporcionados, e identificado lo que necesitas para aumentar tu autoestima, ¡es hora de ir a practicar!

Empieza a adoptar las simples estrategias recomendadas aquí, y gradualmente verás los beneficios. A medida que veas que estos beneficios se acumulan, desarrollarás una actitud positiva hacia el cambio, y así tu autoestima mejorará.

Aunque es importante notar que estos cambios no ocurren de la noche a la mañana, debes ser lo suficientemente paciente y entender que toma tiempo ser la persona que deseas ser, pero los resultados valen la pena.

A medida que tu autoestima y autoconfianza aumenten, experimentarás un mayor crecimiento que te llevará a una mayor felicidad en la vida. Empezar el viaje hacia la autoestima es la parte más difícil; por lo tanto, te sugiero que apliques inmediatamente los consejos presentados en este libro. Los consejos están probados, y funcionan, pero recuerda que pueden no funcionar para todo el mundo. Las sugerencias ofrecidas en este libro tampoco deben aplicarse todas a la vez. Crea un plan que te ayude a aplicar los consejos de forma lógica y secuencial de forma gradual.

La parte más importante es hacer un esfuerzo para transformarte, y sentirás que la transformación se produce antes de lo previsto. Intenta pasar unos días trabajando en uno o dos consejos. Una vez que estés en sincronía con el proceso, entonces intenta con otro hasta que todos se conviertan en una segunda naturaleza. Tu confianza aumentará, y te sentirás bien contigo mismo y con tu vida.

Además, lleva un diario de confianza. Practica escribiendo diez cosas en las que te sientas seguro. Si se hace a diario, cambiará la forma en que piensas y sientes sobre todo. Te recomiendo que escribas tu diario justo antes de irte a la cama. De esta manera, las cosas que has escrito fluirán en tu mente subconsciente mientras duermes. No solo te despertarás más seguro, sino que también estarás más feliz con tus logros del día anterior, y tendrás motivación y un plan claro para el día siguiente.

En pocas palabras:

✔ Tienes el poder de transformar lo que sientes.

✔ Nunca te sientas mal por poner tus necesidades en primer lugar.

✔ No serás egoísta si consideras tus necesidades primero.

✔ Siempre trata de ser amable contigo mismo; solo hay una versión de ti en este mundo. Así que, cuida bien de ella.

✔ Nunca odies la piel en la que estás.

La confianza en uno mismo no está grabada en los hombres; por lo tanto, puede aumentar o perderse en cualquier momento. Está mayormente afectada por factores externos que te harán creer que no tienes control sobre ellos.

Finalmente, la confianza está dentro de cada hombre, pero a veces cuando el mundo te lanza todo tipo de desafíos, puede desvanecerse. Aplica los consejos discutidos en este libro cuando te sientas menos confiado. No es difícil adquirir confianza, pero si no tienes suficiente, puede ser difícil tener éxito en la vida. Necesitas el deseo o el impulso para lograr la confianza como hombre y la persistencia para mantenerla hasta que la consigas. Tus ideas, reflexiones y pensamientos pueden construir tu autoconfianza, pero tienes que ser consciente de ellos para alcanzar su máximo beneficio.

Al leer *Autoconfianza para hombres: Libera el león interior y ve cómo tu resistencia mental, autoestima, actitud mental, autodisciplina y vida de pareja se transforma*, ya has dado el primer paso en tu viaje. Esperamos que aproveches al máximo la estructura de este libro, mientras abrazas tu fuerza interior y desarrollas tu autoestima. ¡Buena suerte!

# Segunda Parte: Autoestima para Hombres

*Una Guía Esencial de Autoayuda para Construir Hábitos de Macho Alfa que Mejorarán su Fuerza Mental, Confianza y Capacidad de Atraer a las Mujeres*

# Introducción

Aunque conocida por diferentes nombres, la imagen del Macho Alfa es algo que ha existido por incontables generaciones. En tiempos más recientes, esta imagen ha sido vinculada al éxito en todas las áreas de la vida, resultando en un número cada vez mayor de libros, clases y videos sobre el tema. Desafortunadamente, muchos de estos libros y videos contienen concepciones erróneas comunes sobre la verdadera naturaleza de un Macho Alfa. Como tal, proporcionan una falsa dirección a aquellos que desean tener el estilo de vida alfa. Estos materiales pueden proporcionar solo un puñado de cualidades y habilidades necesarias para convertirse en un Macho Alfa, causando confusión y frustración. Este libro se toma el tiempo para disipar todas las imágenes falsas de un verdadero Macho Alfa, pintando una imagen clara y concisa que le ayudará a comprender mejor el objetivo que está tratando de alcanzar. Además, le proporcionará todos los pasos necesarios para comenzar a eliminar los malos hábitos que le han frenado toda su vida, así como los pasos necesarios para desarrollar los hábitos de vencedor de un Macho Alfa. Cuando usted termine de leer este libro, no solo sabrá lo que realmente significa ser un Macho Alfa, sino que tendrá todas las herramientas necesarias para transformarse en uno.

# Primera Parte: Autoestima

# Capítulo 1: La Autoestima Explicada

La autoestima es la base del éxito de una persona. Sin ella, no se puede esperar lograr nada que valga la pena en la vida. Todo, desde encontrar el trabajo adecuado hasta formar relaciones felices y significativas, depende de que usted tenga un fuerte y vibrante sentido de autoestima. Desafortunadamente, esta es un área en la que la mayoría de los hombres tienen dificultades. De hecho, la mayoría de las cosas que socavan los esfuerzos de estos hombres por alcanzar altos niveles de autoestima son las mismas cosas que se presentan como los ideales por los que se están esforzando. Las imágenes de hombres con músculos definidos, mujeres hermosas y sacos llenos de dinero, aunque inspiradoras por un tiempo, pueden eventualmente hacer que usted se vea como menos exitoso, menos atractivo y finalmente menos capaz, dejando su autoestima destrozada. Los hábitos aparentemente ordinarios también pueden llevar a una erosión de su sentido del yo, causando que usted carezca de la confianza y la motivación necesarias para llevar su vida a los niveles que usted desea. Afortunadamente, una vez que reconozca estas falsas imágenes y malos hábitos por lo que son, podrá eliminar el impacto negativo que tienen en su bienestar general. Este capítulo explorará algunas de las causas más comunes de la baja autoestima, y los efectos devastadores que pueden tener en su vida. Además, incluirá un cuestionario que le permitirá determinar si sufre o no de baja autoestima. Por último, se le mostrarán cuatro métodos fundamentales que han demostrado desarrollar los más altos niveles de autoestima, niveles reservados para el Macho Alfa.

### La Verdadera Naturaleza de la Autoestima

Antes de entrar en los síntomas y causas de la baja autoestima, una clara definición de esta es necesaria. La mayoría de las personas confunden los términos "autoestima" y " autoconfianza", asumiendo que son la misma cosa. Si bien estos dos elementos están estrechamente vinculados, son, de hecho, dos cosas muy distintas y diferentes. La autoconfianza es la creencia en la capacidad de hacer una determinada cosa. Si usted tiene una fuerte autoconfianza, estará más dispuesto a tentar algo porque cree que puede tener éxito. Por ejemplo, usted podría acercarse a una hermosa mujer en un bar porque tiene mucha confianza en su capacidad para establecer una conexión y comenzar una relación. Si tiene poca autoconfianza, probablemente evitará esa interacción porque cree que sus posibilidades de fracaso superan con creces sus posibilidades de éxito.

La autoestima, aunque relacionada, es algo totalmente diferente. Cuando se tiene una alta autoestima, se tiene un alto sentido de valía personal. Usted cree que es capaz de lograr sus objetivos, que es donde la autoconfianza encaja. Sin embargo, también tiene una imagen positiva de sí mismo, creyendo que su apariencia y estilo en general son cosas de las que hay que estar orgulloso, elementos que atraerán a la mujer adecuada o le ayudarán en su esfuerzo por conseguir el trabajo adecuado. Además, usted tendrá un fuerte sentido de valía personal en términos de sus valores, ética y otros fundamentos de la vida que le dan un sentido de orgullo en todo lo que hace. La autoconfianza es una parte integral de la autoestima, pero es solo una parte y no la totalidad.

La mejor manera de entender la verdadera naturaleza de la autoestima en contraposición a la autoconfianza es reducirlas a sus términos más simples. La autoconfianza se puede expresar mejor con la afirmación: "Yo puedo". En contraste, la autoestima puede expresarse mejor con la declaración "Yo soy". La autoconfianza describe lo que usted puede hacer, mientras que la autoestima describe quién es usted. De nuevo, aunque la autoconfianza es un elemento crítico de la autoestima, no es más que un elemento. Muchos otros elementos entran en la creación de la imagen general de la autoestima —la imagen que usted tiene de sí mismo y el valor que tiene su vida.

### Signos Comunes de Baja Autoestima

La baja autoestima puede presentarse de muchas formas y puede ser causada por una serie de factores. Afortunadamente, el diagnóstico de la condición básica es relativamente fácil de hacer. Dado que la baja autoestima es una condición generalmente negativa, todos y cada uno de los hábitos o perspectivas negativas de la vida normalmente la señalarán. Algunos de los signos más comunes de que usted podría estar luchando con una baja autoestima son los siguientes:

- **Vergüenza de la propia Imagen:** Esto es cuando usted se siente inseguro con respecto a su apariencia general, ya sea su cuerpo o su estilo. A veces esto sucede cuando usted compara su apariencia actual con las imágenes de lo que se considera como el hombre ideal. Estas pueden ser imágenes de una figura musculosa y bronceada que se parece más a una estatua griega que a un ser humano real, haciendo que el hombre medio se sienta inferior al ver su físico en el espejo. También pueden presentarse en la forma de un modelo bien cuidado e impecable, vistiendo la última moda y atrayendo a las mujeres más bellas que se puedan imaginar. Tales imágenes solo llevarán la persona promedio a sentirse avergonzada de su apariencia, comparada con la del modelo, retocada en la imagen que la mira fijamente.

- **Ansiedad de Desempeño:** Es cuando usted se siente estresado por no cumplir con las expectativas de los demás. A veces esto aparece en las relaciones en las que un hombre está preocupado por no satisfacer a su otra mitad. Él puede tener miedo de no "impresionar" a su mujer en la cama, o de no tener suficiente dinero, estilo o experiencia emocional para satisfacer las necesidades de una mujer. Fuera de las relaciones, la ansiedad de desempeño afecta a millones de hombres en el lugar de trabajo, el gimnasio y otras áreas de la vida en las que ser el mejor parece ser algo que se espera de todos.

- **Aislamiento:** Si usted nota que evita los encuentros sociales, prefiriendo permanecer solo, puede tener una baja autoestima. Una cosa es disfrutar de un tiempo tranquilo en soledad, pero otra muy distinta es evitar los encuentros sociales porque no se siente lo suficientemente bien consigo mismo como para ser visto en público.

- **Autodepreciación:** Si bien el chiste ocasional de autodesprecio puede ser una forma saludable de aliviar la tensión con los demás, o de evitar parecer arrogante, hacer un hábito de tales chistes puede apuntar a un bajo sentido de valía personal. Esto es especialmente cierto si esos chistes causan incomodidad en lugar de las risas que pretenden generar.

- **Una Falta de Deseo de Autosuperación:** Esto puede parecer un poco extraño al principio. Después de todo, si usted tiene una alta autoestima, ¿por qué querrá mejorarse a sí mismo? Sin embargo, la verdad es que alguien con un alto sentido de autovaloración siempre buscará formas de mejorar, como una persona rica que siempre busca ganar más dinero. La única razón por la que usted no quiere mejorar es que no cree que pueda hacerlo.

• **Lenguaje Negativo:** La baja autoestima se mostrará en su lenguaje. Su lenguaje corporal será negativo, revelando incertidumbre y ansiedad. Tendrá tendencia a decir cosas negativas, como referirse a las metas como "imposibles" o "irrazonables". Nunca mostrará entusiasmo cuando enfrente algo nuevo o fuera de su zona de confort.

Aunque estos son solo algunos de los signos más comunes de baja autoestima, son fáciles de detectar en su vida cotidiana. El siguiente cuestionario le ayudará a identificar algunas de las formas más sutiles en que estas causas pueden presentarse en su vida. Si su respuesta es "sí" a la mayoría de las siguientes preguntas, su autoestima es baja y necesita ser arreglada.

1. ¿Usted evita las interacciones sociales siempre que es posible, debido a un sentimiento de ansiedad o vergüenza?

2. ¿Confía en el uso de alcohol o alguna otra sustancia para reducir la ansiedad y darle el coraje para enfrentar sus miedos?

3. ¿Suele sentirse cohibido por su apariencia física?

4. ¿Le resulta difícil aceptar los cumplidos de los demás?

5. ¿Suele disculparse demasiado, incluso por cosas que no son culpa suya?

6. ¿Evita dar su opinión por miedo a que se le ridiculice o a que se le considere deficiente intelectualmente?

7. ¿Ignora el aseo personal?

8. ¿Se sorprende que la gente se alegre de verlo?

9. ¿Busca constantemente cumplidos o validación?

10. ¿Es incapaz de tomar decisiones rápidas y específicas?

11. ¿Sospecha de la gente que quiere pasar tiempo con usted?

12. ¿Su mente está llena de dudas y recuerdos de fracasos pasados?

13. ¿Está constantemente comparándose con todos los que le rodean?
14. ¿Está soltero o en una relación infeliz?
15. ¿Está descontento con su trabajo?
16. ¿Es infeliz en su vida?

**Causas Comunes de Baja Autoestima**

Si usted respondió "sí" a la mayoría de las preguntas listadas arriba, entonces usted tiene una baja autoestima. Escuchar eso puede hacerle sentir peor al principio, pero la buena noticia es que probablemente no sea su culpa en absoluto. De hecho, la mayoría de las personas con baja autoestima se han vuelto, así como resultado de su entorno. Por ejemplo, si usted pasa su tiempo con personas de mentalidad negativa, que constantemente se menosprecian tanto unos a otros como a sí mismos, entonces no puede evitar comenzar a alimentarse de esa negatividad. Después de un tiempo, su autoestima caerá en picado, haciendo que asuma la visión negativa del mundo que esas personas comparten. Incluso si esas personas son sus amigos, el impacto que tienen en su vida puede ser devastador, convirtiéndolos, de hecho, en sus peores enemigos.

La educación de una persona también puede impactar su sentido de sí mismo de una manera muy real. Los padres que son abusivos o negligentes dejarán a sus hijos marcados de por vida, sin la autoestima que tienen en abundancia los hijos de padres cariñosos y positivos. Esto se debe a que la imagen de sí mismo de una persona es en gran parte aprendida. Por lo tanto, si usted creció con sus padres diciéndole que es estúpido, feo o una decepción, entonces desarrollará esa creencia. Se verá a sí mismo a través de sus filtros, enfocándose en sus defectos, fallas y deficiencias percibidas. Al final, estas son las únicas cosas que verá, resultando en una completa falta de autoestima.

Las experiencias pasadas también pueden socavar en gran medida su autoestima. Esto va de la mano con la autoconfianza. Si, por ejemplo, intenta perder cuatro kilos con una dieta determinada, pero no logra su objetivo, su autoconfianza se verá afectada. Si intenta dos, tres o cuatro dietas más y sigue sin alcanzar sus objetivos, puede ser llevado a pensar que simplemente no es lo suficientemente bueno para perder esos cuatro kilos sin importar lo que haga. Desafortunadamente, solo se necesitan dos o tres intentos fallidos para que la mayoría de las personas se rindan, culpándose a sí mismos por su falta de éxito.

Por último, está el tema de los estereotipos tóxicos. El marketing de hoy en día ha descubierto que la mejor manera de vender un producto es avergonzar a una persona para que lo compre. Por eso, solo las mujeres más guapas modelan el maquillaje o la última moda, mientras que los hombres más musculosos o perfectos muestran un equipo de ejercicio o lo último en moda masculina. Al final, es la sensación de sentirse inferior a los modelos lo que hace que la mayoría de la gente compre la ropa, el maquillaje o el aparato de ejercicio. Desafortunadamente, ninguna de esas cosas transforma al individuo en la imagen de la foto, haciéndole desistir, sintiéndose inadecuado, decepcionado e inferior.

## Cuatro Maneras de Construir la Autoestima de un Macho Alfa

Si alguna vez usted se ha encontrado en alguna de estas situaciones, anímese; no está solo. Millones de hombres en todo el mundo sufren de baja autoestima. Afortunadamente, ninguna de las causas carece de cura. De hecho, el camino hacia la recuperación es a menudo más rápido y fácil que el camino que lo llevó a sentir baja autoestima en primer lugar. El truco es llegar al corazón del problema en lugar de tratar de arreglar los síntomas. Al curar la enfermedad, eliminarás los síntomas, dejándote con la alta autoestima que necesitas para lograr el éxito y la felicidad que tanto anhelas y mereces. Las siguientes son cuatro maneras de construir la autoestima de un Macho Alfa.

- **Desarrolle su Autoconciencia:** Ignorar los problemas no suele ayudar mucho a resolverlos. El primer paso es tomarse el tiempo para examinar sus sentimientos y descubrir las causas de esos problemas. Aborde sus miedos, sus dudas y sus arrepentimientos. Escríbalos para que pueda comenzar a tomar el control sobre ellos. Enfréntelos directamente y reconozca el impacto que han tenido en su vida.

- **Aborde sus Problemas:** Una vez que haya identificado los problemas que le roban su autoestima, el siguiente paso es comenzar a superarlos. En el caso de sentirse avergonzado de su apariencia, reconozca que puede cambiarla. Tómese el tiempo necesario para decidir cómo quiere lucir y luego encuentre todos los recursos disponibles que le ayuden a lograr ese objetivo. En el caso de perder peso, busque un gimnasio, regístrese y busque un entrenador personal que pueda guiarle para que saque el máximo provecho de su esfuerzo. Si lo que desea es un mejor trabajo o un mayor éxito al momento de atraer mujeres, averigüe las áreas que necesita desarrollar y empiece a perseguir esos objetivos. Encuentre amigos o mentores que puedan ofrecerle ideas y orientación, así como alguien que lo escuche cuando las cosas no vayan de acuerdo con el plan. En resumen, aborde sus problemas con todo el corazón.

- **Cambie su Narración:** Una vez que ha identificado sus problemas y comienza a superarlos, puede empezar a cambiar su diálogo interno. Ya han pasado los días en que usted no era lo suficientemente bueno para el éxito. Ahora que está haciendo progresos en la superación de las cosas que le robaron su autoestima, puede comenzar a sentirse mejor consigo mismo. Cada victoria, no importa cuán pequeña sea, es una victoria de todos modos, y vale la pena celebrarla. Incluso antes de empezar a perder peso, puede celebrar el hecho de haberse inscrito en un gimnasio, haber encontrado un entrenador y haber desarrollado un plan que le ayudará a alcanzar su objetivo. En resumen, puede celebrar que se ha hecho cargo de su vida y ha cambiado el rumbo de su fracaso hacia la realización de sus sueños.

- **Cree el Cuadro Completo:** El cambio se produce en pequeñas e incrementales medidas al principio. Por eso es vital celebrar cada victoria, no importa cuán pequeña sea. Sin embargo, no debe conformarse con pequeños logros por mucho tiempo. En lugar de eso, usted querrá crear un panorama más grande, el objetivo general que espera alcanzar con estas pequeñas victorias. Por ejemplo, perder cuatro kilos puede ser solo el comienzo; puede que desee comenzar a desarrollar sus músculos, obtener algo de tono y dar forma a un cuerpo que le dará orgullo cuando vaya a la playa. O tal vez quiera cambiar su estilo, comprando ropa para mostrar su físico nuevo, cambiando su corte de pelo para un look más moderno y a la moda, u otros cambios similares. Lo importante es poner la mira en el gran premio, el objetivo final. Eso asegurará que se mantenga motivado mientras sigue en el camino que lleva al exitoso destino que cambiará su vida.

# Capítulo 2: Miedos e Inseguridades Comunes que Tienen los Hombres

Para luchar eficazmente en cualquier guerra, lo primero que hay que hacer es conocer al enemigo. La lucha por la autoestima no es una excepción a esta regla. La única manera de elevar sus niveles de autoestima a los de un Macho Alfa es identificar los elementos que sirven para socavar su autoestima en primer lugar. Solo eliminando y superando esos obstáculos podrá lograr su objetivo de autotransformación. Afortunadamente, los miedos e inseguridades que obstaculizan su éxito son los mismos con los que luchan millones de otros hombres en todo el mundo. Por lo tanto, son bien conocidos, al igual que los métodos para superarlos. Este capítulo tratará de los miedos e inseguridades en sí mismos, incluyendo cómo identificarlos y qué impacto tienen en su salud y bienestar general. Solo conociendo sus propios demonios personales podrá elegir los métodos correctos de mejora que se ofrecen en el resto del libro, dándose así la mejor oportunidad de éxito.

### Apariencia Física Inferior

Cuando se trata de la autoestima, pocas cosas son tan vitales como la apariencia física. Después de todo, su apariencia es casi siempre la primera cosa que alguien experimenta de usted. Incluso antes de que conozcan su personalidad, sus habilidades o sus creencias, conocen su apariencia. Aunque muchos dirían que no hay que juzgar un libro por su portada, casi todo el mundo lo hace, y en gran medida. Como resultado, la mayoría de los hombres tienen serios temores e inseguridades en cuanto a su apariencia física.

El tema más comúnmente reportado en esta área viene en la forma del físico en general. Debido a la naturaleza cada vez más sedentaria de la mayoría de los estilos de vida, se hace cada vez más difícil quitarse el peso indeseado. La mayoría de los hombres llevan unos cuantos kilos de más alrededor de su cintura, como mínimo. Aunque esto no siempre es un problema para la mayoría de las mujeres, es algo que la cultura popular demoniza, especialmente en la industria de la publicidad. Por lo tanto, es muy común que los hombres se sientan cohibidos por su peso y su falta de tono muscular.

Otro miedo común con respecto a la apariencia física es el del cabello. La calvicie, aunque sea cada vez más popular, todavía se ve como un rasgo que no es de un Macho Alfa. Esto es particularmente cierto en el proceso que conduce a la calvicie, es decir, el temido retraimiento de la línea del cabello. Los hombres que experimentan el afinamiento del cabello tienen problemas de autoestima, viéndolo como un signo de su mortalidad y de la pérdida de su masculinidad. Otros problemas de cabello incluyen pelo en el pecho o en la espalda. Algunos hombres sienten que la falta de pelo en el pecho parece afeminada, mientras que otros tienen vergüenza de tener demasiado pelo en el cuerpo. No existe una medida única que defina la cantidad adecuada de vello corporal, y esto no debería hacer que los hombres se sientan inseguros.

La altura de un hombre puede tener un efecto debilitante en su autoimagen. Los hombres altos a menudo se sienten expuestos, como si fueran el centro de atención, quieran o no. En el otro extremo del espectro, los hombres bajos a menudo se sienten inferiores, creando el conocido Complejo de Napoleón donde ellos tienen que probarse a sí mismos contra sus semejantes más altos. Sorprendentemente, los hombres de talla media pueden sentirse inseguros debido a su falta de distinción. Por lo tanto, cualquier altura puede afectar a un hombre de una manera muy real y negativa, causando un problema que no puede ser resuelto fácilmente, ya que no se puede cambiar la altura.

**Desempeño Inferior**

Incluso si tiene la suerte de sentirse perfectamente feliz con su aspecto físico, incluyendo su altura, su pelo y su peso, todavía tiene que enfrentarse al siguiente obstáculo, a saber, el del desempeño. La verdad del asunto es que los hombres están programados para ser competitivos. Esto remonta a los humanos primitivos y a la necesidad de "ganar" una pareja, ya sea por fuerza bruta o demostrando una mejor habilidad que los otros machos presentes. Las competiciones por hembras pueden observarse en toda la naturaleza, incluyendo pájaros cantando y mostrando su brillante plumaje, primates desafiándose para dominar, o cualquier número de especies luchando para ganar el corazón de la hembra. Aunque la cultura y la tecnología han avanzado, la biología humana sigue siendo muy parecida a la de nuestros primitivos antepasados cavernícolas. Por lo tanto, la necesidad de superar a cualquier otro macho está viva y latente en los machos humanos de hoy en día.

Comprensiblemente, el área principal donde se puede encontrar la necesidad de superarse es en el propio ritual de apareamiento. Incontables hombres se sienten inseguros cuando se trata de satisfacer a su mujer en la cama. Esto explica por qué el porno es tan popular. Numerosos estudios han demostrado que muchos hombres se inspiran en la pornografía, esperando aprender consejos y trucos para satisfacer mejor a sus parejas. La mayoría de los hombres todavía luchan con el miedo de no ser los mejores en ese importante campo. Esto es especialmente cierto en el caso de que su pareja haya tenido otros amantes en el pasado. El miedo a no estar a la altura de los antiguos amantes puede aplastar el espíritu de un hombre, y en un mundo donde el sexo prematrimonial se está convirtiendo en la norma, estos escenarios son cada vez más comunes.

Otra área en la que el desempeño inferior es un miedo muy real es en el mantenimiento de la familia. Tener un trabajo bien pagado y respetable es lo ideal para la mayoría de los hombres; cuando un hombre siente que su desempeño laboral es inferior, puede verse obligado a luchar con problemas de autoestima. Comprar una casa más grande, un auto más llamativo, y tener los últimos juegos y aparatos puede ser una manera de superar ese miedo o una forma de presumir cuando un hombre siente que lo está logrando. Sin embargo, tales muestras de vanidad son a menudo un intento de ocultar los miedos e inseguridades más profundas de un hombre de no ser siempre el mejor cuando se trata de proporcionar dinero y comodidad para su familia.

Los miedos acerca del desempeño pueden tomar muchas otras formas, como tener que ser el mejor en su trabajo, en un deporte que practique o en un hobby que disfrute. Al final, esas cosas que supuestamente deberían traerle alegría y satisfacción pueden proporcionarle todo tipo de oportunidades para sentirse inferior e inseguro. Necesitar ser el mejor en absoluto es una clara señal de que no está seguro de su habilidad natural, pero requiere la validación que el ser el primero puede traer. De la misma manera, la necesidad de dominar en su trabajo demuestra una falta de seguridad en lo que se refiere a sus habilidades en el empleo. En una sociedad que se está volviendo más rápida y cada vez más competitiva, el miedo a no ser lo suficientemente bueno se está extendiendo más y más con cada año que pasa.

### Cinco Señales de que Es Inseguro

A veces los miedos e inseguridades pueden ser enmascarados por comportamientos que parecen ser confiados y fuertes. Tales comportamientos pueden hacer que las causas subyacentes del miedo y la inseguridad queden sin control, y que la autoestima de la persona siga siendo carcomida. Afortunadamente, los signos de inseguridad son relativamente fáciles de reconocer. Abajo hay cinco señales de que puede estar sufriendo con la inseguridad y la baja autoestima:

- **Deshonestidad:** A nadie le gusta un mentiroso. Cuando una persona miente, está ocultando una verdad que no quiere admitir o enfrentar. Por lo tanto, si se encuentra mintiendo a la gente regularmente, esto indica inseguridad. Esto es particularmente cierto si miente acerca de cosas como su situación financiera, su trabajo, sus habilidades o experiencias pasadas. Si tiene que inventar historias para impresionar a alguien, se siente inseguro sobre su verdadero ser.

- **Ser Necesitado:** Cuanto más necesitada está una persona, menos segura de sí misma está. Después de todo, si fuera una persona capaz con una alta autoestima no necesitaría que otras personas validen su vida o lo cuiden. La necesidad puede presentarse de muchas formas, incluyendo la sensación de estar desamparado cuando se está solo, la necesidad constante de elogios o validación de los demás, celos, rabia u otras emociones igualmente malsanas que sirven para socavar cualquier relación.

- **Introversión Extrema:** Mientras que ser introvertido en sí mismo no es un signo de inseguridad, la introversión extrema sí lo es. La diferencia está en la naturaleza de la propia introversión. Si prefiere una noche tranquila en casa con su cónyuge o con sus seres queridos en lugar de salir a la ciudad, no es algo malo. Sin embargo, si se cierra a cualquier contacto humano, es una situación totalmente diferente. Evitar el contacto humano suele ser un signo de inseguridad, y si evita activamente la interacción social, necesita ayuda para reconstruir su sentido de autoestima.

• **Evitar el Contacto Visual**: La interacción social es prácticamente inevitable, especialmente en el lugar de trabajo, en el supermercado o en cualquier otro lugar donde se necesite estar regularmente para sostener la vida cotidiana. No puede esconder la inseguridad cuando se expone a tales interacciones sociales. Esto es particularmente cierto cuando se trata de contacto visual. Mientras que una persona segura de sí misma podrá mantener un contacto visual saludable y significativo con alguien con quien esté hablando o escuchando, alguien con problemas de inseguridad evitará dicho contacto visual, de la misma manera que evitaría la interacción social por completo, si tuviera la opción de hacerlo.

• **Comportamiento Intimidante**: El último signo de inseguridad es uno de los más incomprendidos de todos: el comportamiento intimidatorio. Es natural asumir que un matón es alguien que confía en sus capacidades; de hecho, muchos aspectos de la intimidación se atribuyen erróneamente a la personalidad del Macho Alfa. La verdad del asunto es que el comportamiento de intimidación es una máscara para la inseguridad grave. La mayoría de los matones tratan de evitar que los demás noten su baja autoestima; por esa razón, suelen dirigirse a individuos que personifican sus inseguridades. Por lo tanto, si se mete con personas que parecen débiles o que son diferentes de una forma u otra, esto es una señal de que es muy inseguro, y que su autoestima necesita mucho trabajo. En lugar de ser un Macho Alfa, es la imagen del miedo y el autodesprecio, y tiene una completa falta de autoconfianza.

La siguiente lista de verificación describe los signos más comunes de inseguridad. Si responde "sí" a la mayoría de los siguientes puntos, debe seguir leyendo, ya que su autoestima necesita una seria reforma.

1. Se pregunta si es o no mejor que cualquier amante del pasado de su pareja.

2. Miente sobre sus finanzas, su trabajo o sus logros pasados.

3. Se fija en los éxitos del pasado, usándolos para definirse a usted mismo.

4. Le cuesta mantener el contacto visual con la gente.

5. Ataca o intimida a otros, especialmente a aquellos de los que está secretamente envidioso.

6. Depende de la ayuda de los demás, incluso para las cosas más simples.

7. Constantemente se compara con los demás, sintiéndose envidioso e inferior como resultado.

# Capítulo 3: Dudar de sí mismo; Identificando y Combatiendo a su Peor Enemigo

Cuando se trata de éxito, pocas cosas son tan cruciales como un fuerte sentido de confianza en sí mismo. Las habilidades, la experiencia y las oportunidades pueden ser aprendidas y descubiertas. Sin embargo, sin la autoconfianza, ninguna de esas cosas tendrá el impacto que de otra manera podría tener. Desafortunadamente, muchos hombres carecen de la autoconfianza que se requiere para lograr el éxito que anhelan. En cambio, se ven frenados por un fuerte sentimiento de duda de sí mismo. Cuanto más fuerte sea la duda de una persona, más difícil será para ella alcanzar cualquier éxito real o significativo en su vida.

Algunos síntomas de la falta de confianza en sí mismo son fáciles de identificar, lo que hace que sea fácil de enfrentarla y superarla. Sin embargo, algunos síntomas son más sutiles, sobreviviendo en formas que son difíciles de detectar, como un cáncer que crece silenciosamente en el interior de una persona. Este capítulo tratará algunos de los síntomas más comunes de la duda de sí mismo, explorando el impacto que pueden tener en su vida si se permite que existan sin control. Además, este capítulo proporcionará algunos métodos fáciles y eficaces para superar este sentimiento, permitiéndole así alcanzar el éxito necesario para transformar su vida en la de un Macho Alfa.

## Señales Comunes de la Autoduda

Muchas señales de autoduda son obvias y fáciles de detectar. Si afirma constantemente que es incapaz de hacer una cosa determinada, como atraer a una mujer o tener éxito en una entrevista de trabajo, entonces está claro que tiene serias dudas sobre sus habilidades en esas áreas. Sin embargo, otros síntomas de la autoduda pueden ser más difíciles de identificar, ya que están disfrazados de preocupaciones racionales. Por ejemplo, puede expresar la autoduda de tal manera que el objetivo fijado parezca irrazonablemente difícil. En lugar de decir que es malo para atraer a una mujer, puede usar la excusa de que la mujer en la que está interesado no ha mostrado ningún signo de estar interesada en usted, o que puede que no esté buscando una relación. Del mismo modo, en lugar de centrarse en su falta de confianza cuando intenta conseguir el trabajo de sus sueños, podría centrarse en el hecho de que no tiene todas las calificaciones que requiere el puesto, o podría alegar que su falta de experiencia está en su contra. Aunque estas razones pueden parecer lógicas y racionales, son, de hecho, síntomas de autoduda. Después de todo, cuando tiene una confianza total en su capacidad para superar cualquier obstáculo, tales problemas no serán un impedimento. En cambio, serán un desafío que aceptará con gusto.

Ya sea obvia o sutil, todas las formas de autoduda sirven para hacer una cosa: socavar sus posibilidades de éxito. Por lo tanto, debe tomarse el tiempo para evaluar su vida y descubrir cualquier duda que pueda estar acechando en su corazón y en su mente. Identificar sus autodudas es el primer paso en su batalla contra aquellas cosas que le impiden realizar su pleno potencial. La siguiente es una lista básica de verificación que describe varias de las señales más comunes de la autoduda. Si se identifica con la mayoría o todos estos elementos, entonces la autoduda es un problema muy real para usted, que debe ser abordado de forma rápida y definitiva.

1. Tiende a vacilar al empezar un nuevo proyecto, temiendo no ser capaz de completarlo.
2. Le falta el deseo de salir de su zona de confort, incluso cuando las recompensas son altas.
3. Acepta posiciones en la vida que son menos de lo que realmente desea.
4. Está de acuerdo con las cosas negativas que la gente dice de usted.
5. Se fija en sus fracasos pasados, viéndolos como signos de su incapacidad para tener éxito.
6. Es difícil para usted motivarse por la mañana.
7. Envidia el éxito de los demás.
8. Ve sus sueños como un escape en lugar de una visión de lo que podría ser.
9. Se siente cohibido cuando trabaja con otros.
10. Constantemente teme perder lo que tiene por sus insuficiencias.

### Cómo la Autoduda lo Afecta

Al final, si reconoce la mayoría o todos esos elementos como parte de su experiencia de vida, sufre un alto nivel de autoduda. Ahora que ha reconocido la existencia de este problema, el siguiente paso es entender cómo esta autoduda le afecta. Cuando se dé cuenta del daño que la autoduda le está causando, esto servirá como motivación para que tome una posición y la elimine de una vez por todas. Los siguientes son los tres principales impactos negativos que la autoduda está teniendo en su vida:

- **Falta de Motivación:** La ciencia ha demostrado que la vida se trata de energía. Dicho esto, hay dos cargas principales de energía: positiva y negativa. Cuando tiene energía positiva, experimentará efectos positivos, como la motivación, el deseo y la confianza. Sin embargo, cuando tiene energía negativa, experimentará efectos negativos, como la falta de motivación. Por lo tanto, si se encuentra sin inspiración, ya sea para empezar un nuevo proyecto, encontrar un nuevo trabajo o simplemente levantarse de la cama por la mañana, está sufriendo los efectos de la autoduda. Esta falta de motivación puede parecer una simple falta de energía al principio, pero lo que eso realmente demuestra es el miedo al fracaso. Solo cuando elimina la autoduda, puede restaurar su motivación, dándole así la energía para perseguir sus sueños.

• **Falta de Realización:** La autoduda a menudo hará que acepte menos de lo que sueña. Esto puede venir en forma de conformarse con un auto barato en lugar del que realmente quiere, una casa pequeña en lugar de la que desearía tener, o un trabajo que pague las cuentas en lugar de uno que traiga significado y satisfacción a su vida.

• **Falta de Éxito:** Como se ha mencionado antes, la autoconfianza es uno de los ingredientes principales de la receta del éxito. Dicho esto, la falta de autoconfianza le impedirá alcanzar el éxito, porque nunca dará el primer paso en una jornada que no esté seguro de terminar. Por lo tanto, tendrá cada vez menos oportunidades en la vida, lo que significa que tendrá cada vez menos éxitos. Esta falta de logros se autoperpetúa. Cuantos menos éxitos tenga, más dudará de sí mismo, dificultando aún más sus posibilidades de éxito en el futuro.

**Métodos Fáciles y Eficaces para Superar la Autoduda**

Afortunadamente, los métodos para superar la autoduda son relativamente simples, y fáciles de incorporar a su vida diaria. Además, los métodos que se presentan en este capítulo para superar la autoduda son muy eficaces y ofrecen resultados inmediatos que serán perceptibles para usted y para sus allegados.

Los siguientes puntos son cinco de los métodos más fáciles y eficaces para superar la autoduda en todas sus formas:

- **Elimine las Influencias Negativas:** Si se toma el tiempo de preguntarse de dónde viene su autoduda, podría sorprenderse de la respuesta. A menudo, la autoduda no viene de dentro, sino de su entorno. Cuando pasa tiempo rodeado de gente negativa, solo oirá pensamientos e ideas negativas. Hablarán de que la vida es injusta, de que cualquier éxito real es imposible, y de que tratar de alcanzar sus sueños solo terminará en fracaso y desesperación. Cuanto más escuche este tipo de charla, más empezará a aceptarlo como un hecho. Por lo tanto, el primer paso para eliminar la autoduda es eliminar su fuente, es decir, las personas negativas en su vida.
- **Rodéese de Positividad:** Una vez que elimine las influencias negativas de su vida, el siguiente paso es reemplazarlas por influencias positivas. Intente rodearse de gente exitosa. Esas personas tendrán una visión más positiva de la vida, y esa positividad se le contagiará, reprogramando su mente y eliminando la autoduda que le roba el éxito. Cuanta más positividad escuche, más fuerte será su autoconfianza.
- **Haga ejercicio:** Uno de los elementos más ignorados de la autoduda es su causa fisiológica. La falta de energía ya sea física, emocional o mental, a menudo producirá una sensación de depresión y letargo, lo que lleva a una falta de motivación y, por lo tanto, a una falta de éxito. En consecuencia, para romper ese ciclo, debe aumentar su energía general. La mejor manera de hacerlo es realizar algún tipo de ejercicio que aumente su ritmo cardíaco y respiratorio. Una vez que el oxígeno fluya por su cuerpo, sus niveles de energía aumentarán, restaurando la confianza y la inspiración.

- **Ignore su Pasado:** Las personas más exitosas son las que se niegan a definirse por su pasado. En cambio, se centran en el presente, aprovechando cada oportunidad para mejorar sus vidas, haciéndose cada vez mejores y más fuertes cada día. Centrarse en el presente le ayudará a dejar atrás el pasado, especialmente cualquier fracaso que pueda crear autoduda.
- **Convierta la Duda en Deseo:** Finalmente, reconozca la duda por lo que es. A veces la autoduda es una reacción a la sensación de no tener las habilidades o herramientas necesarias para abordar la tarea en cuestión. En lugar de simplemente rendirse, convierta la duda en el deseo de adquirir las habilidades o herramientas que necesita. Puede que necesite pedir ayuda, estudiar un tema o desarrollar un nuevo conjunto de habilidades. Así es como funciona el crecimiento, así que, al convertir la duda en deseo, puede crecer como resultado de cada desafío que enfrente. Esto le permitirá ganar confianza, así como la experiencia que necesita para superar cada obstáculo que enfrente en el camino.

# Capítulo 4: Ansiedad por la Imagen Corporal, y Cuatro Formas para Superarla

Como se ha dicho antes, la apariencia física puede jugar un papel vital cuando se trata de su sentido de autoestima. La ansiedad por la imagen corporal está en aumento entre los hombres, particularmente en Occidente. Los estudios muestran que en los últimos veinticuatro años el número de hombres con ansiedad por imagen corporal casi se ha triplicado, pasando del quince por ciento de los encuestados a casi el cuarenta y cinco por ciento. Esto significa que prácticamente uno de cada dos hombres carece de la confianza que puede proporcionar una imagen corporal positiva, lo que les provoca mayores niveles de estrés y menores niveles de autoestima. Afortunadamente, existen numerosas técnicas probadas para eliminar la ansiedad por la imagen corporal. Este capítulo tratará los síntomas y efectos de la ansiedad por la imagen corporal, así como los métodos para superarla.

### Formas Comunes de Ansiedad por la Imagen Corporal

Como cualquier ansiedad, la ansiedad por la imagen corporal puede tomar varias formas diferentes, cada una de ellas única para el individuo. Los mismos atributos que algunos hombres envidian pueden causar ansiedad a los que los poseen. Esto se debe a que la imagen corporal se basa en la percepción. Y, como cada individuo percibe su cuerpo de manera diferente, la ansiedad a la que se enfrentan también será diferente. Afortunadamente, los numerosos tipos de ansiedad por la imagen corporal pueden reducirse a unos pocos grupos básicos; abajo están cuatro de los tipos más comunes de ansiedad por la imagen corporal.

- **Peso:** No es sorprendente que la más común de todas las ansiedades por la imagen corporal sea la del peso. Hasta el cincuenta por ciento de los hombres siente que su peso socava su valor a los ojos de los demás. Aunque el peso extra y una cintura grande constituyen la mayor parte de las cifras en términos de hombres que se sienten cohibidos por su apariencia, también se ha descubierto que los hombres delgados sufren de ansiedad por la imagen corporal. Por lo tanto, parece que el objetivo general es encontrar ese punto medio que representa la fuerza y el bienestar. Cualquier otra cosa, de una forma u otra, resulta en ansiedad y baja autoestima.

- **Estatura:** El segundo problema de imagen corporal con el que la mayoría de los hombres sufre es la estatura. De nuevo, mientras que los hombres bajos envidian a los altos, la mayoría de los altos sufre de sus propias ansiedades. Aún más extraño, muchos hombres de estatura media sienten que su estatura los hace mezclarse con la multitud, haciéndolos menos impresionantes que sus semejantes más altos o incluso más bajos. Al final, parece que pocos hombres están satisfechos con su altura, deseando que sea diferente en una dirección o en otra.

- **Tono Muscular:** Esta es la única área en la que la ansiedad es más fácil de precisar, ya que solo va en una dirección. Ningún hombre se ha despertado nunca y ha deseado tener menos tono muscular. En cambio, todos los problemas de ansiedad en esta área provienen de hombres que se sienten inferiores en términos de su apariencia muscular. Aunque esto puede parecer un problema fácil de solucionar, que requiere poco más que una membrecía en el gimnasio, la verdad es que los tipos de cuerpo son bastante diferentes, lo que significa que no todos los hombres pueden ganar tono muscular simplemente levantando pesas.
- **Tamaño del Pene:** La última cuestión que causa a muchos hombres la ansiedad por la imagen corporal es el tamaño del pene. En una encuesta, el dieciocho por ciento de los hombres encuestados dijo que no estaban contentos con el tamaño de su pene. Mientras que las razones específicas de la insatisfacción variaban, casi uno de cada cinco hombres afirmó sentirse cohibido por el tamaño de su pene.

### Efectos Comunes de la Ansiedad por la Imagen Corporal

Cualquier tipo de ansiedad puede hacer con que uno pierda oportunidades debido a su baja autoestima, lo que lleva a una falta de éxito. Además, la ansiedad por la imagen corporal puede provocar varios problemas de salud, todos ellos derivados del deseo urgente de un individuo de cambiar su apariencia física. Algunos de los efectos más comunes de la ansiedad por la imagen corporal incluyen:

- **Aislamiento:** Cada vez que un hombre se siente ansioso por su apariencia física, está más propenso a evitar el contacto social. El aislamiento puede llevar a la soledad, la depresión y a una creciente sensación de autodesprecio. En casos más extremos, esto puede conducir a pensamientos e incluso a actos de autodestrucción o suicidio.

- **Baja Autoestima:** Como con cualquier ansiedad, la autoestima se ve significativamente afectada cuando un hombre se siente cohibido por su imagen corporal. Puede comenzar a asociarla con los fracasos que experimenta en la vida, incluyendo relaciones fallidas, pérdida de empleo o una sensación general de insatisfacción con la vida. Dado que algunos problemas de imagen corporal son difíciles de cambiar, esto puede hacer que una persona se sienta impotente en cuanto a la esperanza de mejorar su vida de manera significativa.

- **Problemas de Salud:** Cuando una persona lucha por ganar o perder peso, a menudo recurrirá al uso de suplementos. Lamentablemente, esto puede provocar problemas de salud, especialmente cuando los suplementos no son tomados como se indica, o cuando se combinan con otros en un intento de acelerar el proceso. El abuso de las píldoras dietéticas, los compuestos para el desarrollo muscular y otros similares puede provocar graves problemas de salud, incluso la muerte. Cualquier aumento o disminución repentina y no natural de peso puede afectar a los órganos de una persona, causando cosas como enfermedades cardíacas, insuficiencia renal e incluso diabetes.

- **Trastornos Alimentarios:** Una consecuencia muy común de la ansiedad por la imagen corporal son los trastornos alimentarios. Estos pueden variar desde dietas de hambre en un intento de perder peso hasta comer en exceso en un intento de ganarlo. Si un hombre es incapaz de perder peso, puede resignarse a seguir con sobrepeso, por lo que se deprime y recurre a la comida para consolarse. Esto no solo empeorará su ansiedad por la imagen corporal, sino que también provocará posibles problemas de salud y depresión.

### Beneficios Comunes de una Imagen Corporal Positiva

Cuando un hombre tiene un sentido positivo de su imagen corporal, las cosas son muy diferentes en términos de su salud y bienestar general. Cuanto mejor se siente un hombre sobre su apariencia, mejor se siente sobre sí mismo en general. Esto conduce a un mayor sentido de autoestima, lo que lleva a un mayor nivel de autoconfianza, lo que lleva a un mayor éxito en la vida en general. Algunos de los beneficios comunes de una imagen corporal positiva incluyen:

- **Niveles Más Altos de Autoestima:** Cuando una persona se siente bien con su apariencia, se eleva su autoestima, lo que inspira un mayor sentimiento de valor propio. Esto se traduce en una mejor vida social, mejores relaciones con las mujeres, e incluso una mayor posibilidad de estar satisfecha en su trabajo. La confianza que proviene de sentirse bien con su apariencia se traduce en el éxito en prácticamente todas las áreas de su vida.

- **Mejor Salud:** Otro beneficio común de una imagen corporal positiva es una mejor salud. En cierto modo, esto puede compararse con la forma en que un hombre trata a su auto. Si odia su auto, lo más probable es que no invierta el tiempo o la energía en mantenerlo limpio, encerado y bien cuidado. Si ama su auto, lo mantendrá limpio y brillante, poniendo la mejor gasolina en el tanque, sin ahorrar en piezas de recambio. Así es precisamente como un hombre tratará su cuerpo. Cuando ama a su cuerpo, hará más ejercicio, comerá mejores alimentos y se tomará más tiempo para asearse. Todo esto mejora su apariencia y su salud, lo que a su vez aumenta su confianza y el sentido general de sí mismo.

### Cuatro Maneras para Definitivamente Superar la Ansiedad por la Imagen Corporal

Mientras que algunos aspectos de la imagen corporal son controlables, como su apariencia en términos de aseo o su peso en general, otros son menos cambiantes, como su altura. Afortunadamente, el cambio de la imagen corporal tiene más que ver con su percepción que con su propio cuerpo. Puede sentirse bien consigo mismo sin alterar su altura, peso o incluso el tono muscular. El truco está en eliminar la narrativa negativa y reemplazarla por un sentido de autovaloración que le haga sentirse bien consigo mismo nuevamente. Las siguientes son cuatro maneras de superar la ansiedad por la imagen corporal definitivamente:

- **Eliminar el Mito de la "Perfección":** Una de las principales razones por las que las personas, tanto hombres como mujeres, desarrollan ansiedad por la imagen corporal es que se alimentan de una noción de cómo se supone que debe ser su cuerpo. Los carteles, anuncios de televisión y revistas bombardean implacablemente a la gente con imágenes del cuerpo ideal, haciéndoles sentir inferiores. La forma más fácil de superar este efecto es dejar de ver esas imágenes como algo más que la mentira que son. La perfección es un mito, puro y simple. Y las imágenes de esos anuncios suelen ser retocadas y mejoradas para lograr una perfección visual, en cualquier aspecto, lo que significa que son una mentira total cuyo objetivo es conseguir que compre un producto o una membresía.

- **Apostar en sus Puntos Fuertes:** Claro, puede desear ser más alto, o más bajo, o tener más o menos pelo. Puede señalar media docena de cosas que desearía que fueran diferentes en su apariencia. Eso no significa que no haya al menos media docena de cosas de las que estar orgulloso. Nadie criticaría a un lanzador de un equipo de béisbol por su bajo promedio de bateo. Ni esperarían que el primera base se levantara en el montículo y golpeara al siguiente bateador. En el béisbol, como en cualquier deporte, cada jugador se centra en sus fortalezas para ser lo mejor posible. Ese es el truco para mejorar su imagen corporal. Encuentre sus mejores rasgos físicos y destáquelos. Puede que tenga cabello, unos ojos o una piel estupendos. Llame la atención sobre estas cosas convirtiéndolas en lo que la gente ve primero. Escoja ropa que le haga ver bien, dándole así mayor confianza. No se concentre en lo que no puede cambiar; en cambio, concéntrese en lo que funciona y aproveche al máximo esas cosas.

- **Encargarse de su Salud:** Aunque no pueda perder o ganar la cantidad exacta de kilos que quiere, eso no significa que deba desistir por completo. Vivir una vida más saludable será mejor, de cualquier manera. Cuando se toma el tiempo para hacer ejercicio y comer bien, su imagen corporal mejorará. Una vez más, no se trata de ser perfecto; se trata de ser el perfecto usted. A medida que cuide mejor de su cuerpo, este funcionará mejor, y eso mejorará su imagen corporal de manera exponencial.

- **Dejar de Compararse con los Demás:** Finalmente, debe dejar de compararse con los demás. Claro, habrá otros hombres que tendrán mejor tono muscular, la altura y la forma adecuadas, y todo lo demás. Bien por ellos. Pero no se compare con ellos. En cambio, reconozca que su cuerpo es único. Aprecie lo que tiene y sáquele el mayor provecho. Esa es la clave de la autoestima. No se trata de ser mejor que los demás, sino de ser lo mejor que pueda ser.

# Capítulo 5: Cinco Maneras de Aumentar su Autoestima AHORA

Como ya se ha mencionado, la autoestima es la base sobre la que se construye cualquier éxito. No importa el tipo de éxito que desee, sus posibilidades de alcanzarlo están en proporción directa con su autoestima. Cuando su sentido de autoestima es alto, sus posibilidades de realizar sus ambiciones también serán altas; cuando es bajo, sus posibilidades de convertir con éxito sus sueños en realidad serán igualmente bajas. Por lo tanto, antes de tomar cualquier acción para alcanzar sus objetivos de vida, debe empezar a construir su sentido de autoestima. El proceso de construcción de la autoestima es gradual, como la construcción de tono muscular o la pérdida de peso. Afortunadamente, mientras esté dispuesto a dedicar un poco de tiempo y esfuerzo cada día, el camino para construir altos niveles de autoestima será fácil de recorrer. Este capítulo tratará cinco de los métodos más eficaces para dar a su autoestima el impulso que esta tan desesperadamente necesita. Una vez que implemente estos cinco métodos en su rutina diaria, comenzará a notar un mayor sentido de autovaloración, lo que aumentará su sentido de autoconfianza, permitiéndole así enfrentar cualquier desafío o perseguir cualquier meta imaginable con las mejores posibilidades de éxito.

## Vivir Saludable

Lo primero que hay que tener en cuenta es que su salud mental y su bienestar están directamente conectados con su salud física. De hecho, el peso de una persona a menudo puede revelar la condición exacta de su mente. Cuando tiene sobrepeso y no está sana, su mente estará perezosa, a menudo llena de dudas y generalmente carente de la autoestima necesaria para lograr sus metas y ambiciones en la vida. Sin embargo, cuando una persona está en buena forma física, su mente tenderá a estar más aguzada y su autoestima será más fuerte, lo que le proporcionará la confianza y la tranquilidad mental necesarias para afrontar con eficacia cualquier desafío que se le presente, poniéndola así a cargo de su propia vida. Por lo tanto, el primer paso para desarrollar una alta autoestima es conseguir que su salud física y su bienestar estén en orden.

La comida juega un papel más importante en el bienestar mental de un individuo de lo que la mayoría de la gente piensa. De la misma manera que los alimentos no saludables pueden añadir kilos no deseados a su cintura, además de obstruir las arterias y crear todo tipo de condiciones que socavan su salud física, también pueden tener el mismo impacto en su salud mental. La comida es el combustible, y su mente necesita combustible para funcionar tanto como su cuerpo. Por lo tanto, cuando su dieta consiste en combustible de mala calidad, no solo su cuerpo sufrirá, sino también su mente. La depresión, la lentitud mental y una mentalidad negativa en general van de la mano con una dieta llena de alimentos no saludables. Por lo tanto, lo primero que hay que hacer es reemplazar los alimentos procesados por alimentos naturales como frutas y verduras.

Además, asegúrese de comer alimentos ricos en minerales y proteínas, como huevos, pescado fresco y pollo. Deshágase de las bebidas azucaradas, como las gaseosas, y empiece a beber más agua. La leche es otra buena opción, ya que contiene muchas vitaminas y nutrientes y se ha demostrado que es uno de los mejores líquidos para mantener su cuerpo hidratado.

El siguiente paso para desarrollar un estilo de vida saludable es hacer ejercicio regularmente. Esto no significa necesariamente que tenga que salir y conseguir una membresía para el gimnasio hoy; ejercicios pueden hacerse en casa con poco o ningún equipo extra requerido. El yoga, por ejemplo, es un régimen perfecto para mejorar el ritmo cardíaco y respiratorio. A medida que estos ritmos mejoren, también mejorarán su salud mental y su bienestar. Esto le dará una mejor claridad mental, mejor memoria, y un sentido más saludable de autovaloración. Correr es otro buen ejercicio que puede mejorar el flujo sanguíneo, mejorando así su rendimiento mental, así como su sentido de autoestima. Empezar con estos ejercicios le hará moverse en la dirección correcta, aumentando su sentido de logro, así como su motivación para llevar las cosas al siguiente nivel.

**Desarrollar su Conciencia**

El segundo método para dar un impulso inmediato a su autoestima es desarrollar la conciencia. Esto puede sonar muy Zen, y es cierto que la tradición Zen está fuertemente basada en la conciencia. Sin embargo, no tiene que ser espiritual o estar en busca de un significado para poder tener la consciencia que necesita para alcanzar niveles más altos de autoestima. En vez de eso, simplemente tiene que tomarse el tiempo para entender mejor su mente y cómo funciona.

La mejor manera de hacerlo es tomándose un tiempo cada día para sentarse y estar a solas con sus pensamientos. Explore su mente, viendo y escuchando todos los pensamientos, ideas, imágenes y sonidos que contiene. Tan pronto como vea una imagen, escuche un pensamiento, o capte una idea, tómese el tiempo para considerar su significado cuidadosamente. ¿De dónde vino? ¿Eso es positivo o negativo? Cualquier pensamiento o imagen negativa debe ser abordada de inmediato, ya que puede socavar significativamente su autoestima. A veces esto será el resultado de palabras negativas dichas por otros. Alguien puede haberle dicho que un plan o una idea es imposible, o que no tiene lo necesario para lograr sus objetivos. Tales pensamientos deben ser vistos como lo que son, es decir, la negatividad de las demás personas. Una vez que se dé cuenta de que en realidad no pertenecen a su mente, puede liberarlos, así como la negatividad que contienen. Lo que queda son las esperanzas, las ambiciones y los pensamientos positivos que aumentarán su autoestima, dándole así la confianza necesaria para lograr sus objetivos.

**Mejorar su Imagen**

El siguiente paso para desarrollar altos niveles de autoestima es mejorar su imagen. Aunque su imagen es algo que no ve desde dentro, cuanto más confiado esté en su apariencia, más alto será su sentido de autoestima. Por lo tanto, este es un elemento absolutamente vital para desarrollar los más altos niveles de autoestima, los adecuados para un Macho Alfa.

La primera área que abordar es su vestuario. Si su armario está lleno de ropa poco inspiradora, entonces no solo su imagen no impresionará a los demás, sino que no creará altos niveles de autoestima. Por lo tanto, tómese el tiempo para revisar su armario y deshacerse de toda la ropa que es mediocre en estilo y apariencia. Una vez que haya hecho espacio, puede ir a comprar la ropa que le dará a su apariencia el impulso que necesita. Mientras que una ropa más suelta es buena para quedarse en el sofá, no es buena para nada más. Por lo tanto, llene su armario con ropa que se ajuste bien a su cuerpo. Una camisa hecha a medida puede marcar la diferencia cuando se trata de dar la tan importante primera impresión. Los pantalones con el largo correcto y que se ajusten bien le ayudarán no solo a lucir deslumbrante, sino que le ayudarán a sentirse así, especialmente cuando vea que la gente lo nota.

La siguiente área que abordar es el aseo. Tómese siempre el tiempo de mantener las uñas de las manos y de los pies bien cortadas. Aunque sea el único que se ve los dedos de los pies, al tomarse el tiempo y el esfuerzo de mantener las uñas bien cortadas, está enviando el mensaje de que merece la atención extra, y esto ayudará a aumentar su autoestima. Además, es vital que se tome el tiempo y el esfuerzo extra para que su cabello luzca lo mejor posible. Si se corta el pelo por diez dólares, se está diciendo a sí mismo y a todos los demás que solo vale diez dólares. Sin embargo, cuando gasta el dinero en un corte de pelo hecho a medida para su cara, así como en productos para mantenerlo en su mejor aspecto, le está diciendo al mundo que merece el tiempo y el gasto extra. Esto hará toda la diferencia en cómo se siente cuando atraviese la puerta hacia el mundo exterior.

### Organizar sus Metas

Cuando se trata de mantener su autoestima fuerte y saludable, pocas cosas son tan vitales como la sensación de logro. Si tiene dificultad para alcanzar sus metas o para hacer progresos mensurables para realizar sus sueños, entonces su autoestima se verá afectada. Sin embargo, cuando alcance sus metas diariamente y pueda hacer un seguimiento de su progreso hacia la realización de sus objetivos finales, entonces su autoestima se mantendrá fuerte y vibrante. Afortunadamente, todo esto se reduce a un solo concepto: administrar sus metas.

El primer paso para una gestión efectiva de objetivos es separar las grandes metas en otras más pequeñas y alcanzables. Esto puede evitar que se sienta abrumado por proyectos o tareas más grandes que tardarán mucho tiempo en realizarse plenamente. En lugar de abordar una gran tarea como un único objetivo, debería dividirla en varios objetivos más pequeños. Esto le permitirá medir el progreso que está haciendo, así como darle una sensación de logro a lo largo del camino. Además, a medida que vaya logrando cada objetivo más pequeño, mantendrá su motivación para completar el proyecto en general, manteniendo así su autoconfianza alta en cada paso del camino.

Otra forma de gestionar sus metas es seguir una agenda estricta. No se deje caer en la trampa de decir que se empezará un proyecto cuando tenga más tiempo. Divida los grandes proyectos en tareas más pequeñas y manejables y dese plazos realistas para esas tareas. Tómese el tiempo de escribir sus metas diariamente, enumerando las cosas que quiere lograr cada día. Si ve que se está retrasando, aumente su esfuerzo o reduzca su carga de trabajo. Lo importante es establecer metas alcanzables y darse un plazo realista para cumplirlas. Esto aumentará su productividad, lo que a su vez aumentará su sentido de autoestima.

**Ser Sociable**

Finalmente, para nutrir un saludable sentido de autoestima, debe volverse sociable. Mientras que el tiempo a solas puede ser algo bueno y saludable, pasar demasiado tiempo solo puede llevar a sentimientos de aislamiento. Uno de los mayores problemas del aislamiento es que lo priva de interacciones positivas con otras personas. Tales interacciones son fundamentales para construir y mantener altos niveles de autoestima. Por lo tanto, debe pasar tiempo con otras personas que puedan proporcionarle la energía positiva y las experiencias necesarias para mejorar su sentido de autovaloración.

Sin embargo, pasar tiempo con gente equivocada puede dañar su autoestima. Las personas que tienen un enfoque negativo de la vida, siempre señalando las cosas malas, chismorreando sobre los demás, o simplemente pasando todo el tiempo hablando sobre el fracaso deben ser evitadas a toda costa. Sería mejor estar solo que estar en compañía de personas con mentalidad negativa. Cuando pasa tiempo con personas positivas, las que hablan de sus sueños y de cómo planean alcanzarlos, o las que le ofrecen consejo y apoyo en sus esfuerzos para convertir sus sueños en realidad, gana la inspiración y la motivación que su positividad crea. Por lo tanto, asegúrese de pasar tiempo, no solo con la gente, sino con las personas adecuadas.

# Segunda Parte: Hábitos de Macho Alfa

# Capítulo 6: El Perfil del Macho Alfa

Para convertirse en un Macho Alfa, lo primero que hay que hacer es entender exactamente lo que es un Macho Alfa. Desafortunadamente, muchas de las nociones comunes sobre la verdadera naturaleza de un Macho Alfa son incorrectas y engañosas. La mayoría de las imágenes de Alfas involucran hombres con abdominales esculpidos y bíceps gruesos. Aunque la fuerza física puede ser significativa, no es un aspecto que defina lo que es ser un Macho Alfa.

Además, muchos todavía creen que los Machos Alfa tienen que ser agresivos e intimidantes. Esto no solo es falso, sino que también es lo contrario de lo que significa ser un Alfa. Por lo tanto, antes de abordar los aspectos prácticos de cómo desarrollar el corazón y la mente de un Macho Alfa, es vital definir lo que este término significa realmente. Este capítulo revelará el perfil de un Macho Alfa, explorando cosas como el comportamiento, la mentalidad y el estilo de vida que son necesarios para alcanzar este codiciado título. Además, revelará algunos de los beneficios que provienen del hecho de ser un Macho Alfa, beneficios que hacen que el esfuerzo valga la pena.

## El Lenguaje de los Alfas

Lo primero que separa a los Machos Alfa de todos los demás es el idioma que hablan. No se trata de si habla inglés, japonés o francés; es un idioma diferente, uno que revela el corazón y la mente del Macho Alfa. Este lenguaje tiene su propio tono, estructura y contenido, y cuando se habla, llama la atención y el respeto de todos los que lo escuchan.

El tono del lenguaje del Macho Alfa siempre es confiado. Como tal, no es ni sumiso ni dominante. Un gran error de percepción es que, como un Alfa, siempre debe hablar en voz alta, usando su proverbial voz "exterior" incluso cuando está en el interior. Este no es el verdadero tono de un Alfa. En cambio, un Macho Alfa habla en un tono autoritario, el cual es fuerte, pero no llega a ser dominante, y cuidadoso sin ser débil. No es ni demasiado rápido ni demasiado lento, sino deliberado y medido en su ritmo. Cuando un Macho Alfa habla, los demás escuchan porque quieren, no porque están obligados a hacerlo. Esta es una forma en la que un Macho Alfa impone el respeto a los que le rodean.

La estructura de la lengua del Macho Alfa es positiva. En lugar de estar llena de incertidumbre, es directa y asertiva. Un Macho Alfa nunca divagará, sino que irá directo al punto lo más rápido posible. Esto no significa que tenga que ser contundente y despiadado en lo que dice. En cambio, significa que no se debe andar con rodeos. Si tiene algo que decir, dígalo. No lo endulce, ni lo restriegue en la cara de las personas. En resumen, todo se reduce a la integridad. Las palabras de un Macho Alfa siempre son rectas y verdaderas. Sirven para transmitir sus pensamientos y sentimientos, nada más y nada menos.

Finalmente, está el contenido del lenguaje del Macho Alfa. Aquí es donde la positividad y la confianza entran en juego. Un Macho Alfa nunca menospreciará a nadie, aunque no esté de acuerdo con esa persona. En cambio, siempre se centrará en los méritos de sus propias convicciones, permitiendo que otros tomen sus respectivas decisiones. Además, sus palabras siempre serán positivas, demostrando la confianza y la motivación del Alfa en la situación actual. No hay lugar para la negatividad, la intimidación o la rendición en el lenguaje de un Macho Alfa. En lugar de eso, sus palabras estarán llenas de esperanza, seguridad e inspiración. Siempre se centrarán en la solución más que en el problema, demostrando el hecho de que están realmente a cargo de la situación.

### Orientación hacia los Objetivos

Otro aspecto vital del perfil del Macho Alfa es el de estar orientado hacia objetivos. Todo el mundo tiene sueños de un tipo u otro, incluyendo sueños de hacerse rico, encontrar el trabajo perfecto, o casarse con la mujer perfecta. Sin embargo, donde la mayoría de la gente falla es en convertir esos sueños en realidad. Aquí es donde los objetivos son muy importantes. Las metas son las herramientas con las que una persona puede convertir sus sueños en realidad. Sin metas, los sueños nunca se realizarán, dejando al individuo vivir una vida de mediocridad. Los Alfas están decididos a realizar sus sueños, y saben que la única manera de lograrlo es estar orientado a las metas.

Una forma en la que un Macho Alfa muestra que está orientado hacia sus objetivos es el hecho de tomarse el tiempo para considerar cuidadosamente lo que tiene que pasar para convertir sus sueños en realidad. Una vez que tienen un sueño, empiezan a planear cómo alcanzarlo. Crear metas para moverlos en la dirección correcta es lo que un Macho Alfa hará tan pronto como tenga una idea clara de lo que es su sueño. En lugar de ser solo soñadores, los Machos Alfa también son hacedores. Son el paquete completo. No solo pueden imaginar cómo su vida puede ser mejor, sino que también establecen las metas necesarias para convertir esa visión en realidad.

Otra forma a través de la cual los Machos Alfa se orientan hacia objetivos es el foco que mantienen en sus metas en todo momento. Esto es un signo de inconmensurable disciplina, especialmente en un mundo lleno de distracciones de todas las formas y tamaños. Mientras que otros terminan su día con horas de televisión, juegos u otras distracciones, los Machos Alfa utilizan ese tiempo para fomentar sus ambiciones. En lugar de perder el tiempo, lo invierten, cosechando los beneficios por cumplir sus sueños. Aunque los Machos Alfa puedan parecer a veces adictos al trabajo, la verdad es que simplemente no están dispuestos a descansar hasta que sus objetivos hayan sido alcanzados, y sus sueños se vuelvan realidad.

### Ser un Líder

El Macho Alfa es el perro superior, el que está a cargo, el que todos los demás siguen. Por lo tanto, como Macho Alfa, debe ser un líder.

Hay muchas cualidades en el liderazgo, cualidades que no solo hacen que un verdadero líder se destaque entre la multitud, sino que sirven para generar confianza, seguridad y respeto en los que le rodean. Una de las más importantes de todas las cualidades del liderazgo es la integridad. No solo debe un Macho Alfa decir la verdad en todo momento, sino que también debe permanecer fiel a sus principios. Esto significa que siempre deben tomar la decisión correcta, incluso cuando esta sea la más difícil de tomar. En lugar de ceder a la presión de sus compañeros o incluso a la presión de sus superiores, un Macho Alfa siempre se mantendrá fiel a sus creencias personales. Un Macho Alfa correrá el riesgo de ser despedido de su trabajo o condenado al ostracismo por sus amigos y familia en lugar de hacer algo que vaya en contra de sus valores fundamentales. Este sentido inquebrantable de lo correcto es lo que está en el corazón de un verdadero Macho Alfa.

Otro elemento vital del liderazgo es la capacidad de conectar con los demás. Esto incluye a los que están por encima de usted, a su alrededor y bajo su responsabilidad. Un verdadero Macho Alfa escuchará lo que los demás tienen que decir, tomando sus opiniones en serio, aunque no esté de acuerdo con ellas. Reconoce que para conseguir que los demás le escuchen, debe escucharlos también. Hacer que incluso la persona más baja del grupo se sienta importante es un rasgo de un Macho Alfa. Esto significa que la imagen intimidatoria y prepotente de los Machos Alfa, prevaleciente hoy en día, está muy lejos de la verdad. Un verdadero Alfa no tiene que amenazar o intimidar a las personas para que se sometan; en cambio, pueden hacer valer su autoridad simplemente mostrando una verdadera fuerza de carácter.

Finalmente, para ser un buen líder, debe ser capaz de liderar con el ejemplo. El hecho de que alguien esté a cargo no significa que sea un buen líder. Una buena manera de notar la diferencia es ver si la persona que está a cargo mantiene el mismo nivel de exigencia con respecto a si mismo como lo hace con respecto a los demás. Los líderes ineptos a menudo usan la frase, "Haz lo que digo, no lo que hago". Esto demuestra una total debilidad de carácter, ya que significa que el líder es incapaz de mantener el padrón que espera de los demás.

En contraste, un Macho Alfa tendrá exigencias aún más altas con respecto a sí mismo que a los de su entorno. Esto significa que liderará con el ejemplo, siempre con una fuerte ética de trabajo, una voluntad de aprender nuevas habilidades y la capacidad de adaptarse a situaciones cambiantes. En resumen, nunca esperará que los demás hagan lo que él no está dispuesto o no es capaz de hacer por sí mismo.

### Beneficios de ser un Macho Alfa

Las cualidades de un Macho Alfa discutidas anteriormente están lejos de ser una lista completa. Aun así, representan algunos de los aspectos más demandantes y disciplinados que una persona podría esperar alcanzar. Esto a menudo lleva a que uno se pregunte si los esfuerzos valen la pena. Después de todo, más vale que haya algo al final de la carrera para que valga la pena correr. Afortunadamente, hay muchos beneficios en ser un Macho Alfa. De hecho, los beneficios son tan numerosos y significativos que hacen que cada esfuerzo requerido para convertirse en un Macho Alfa parezca casi mínimo en comparación.

Uno de los beneficios de ser un Macho Alfa es el sentido de ser su propia persona. La mayoría de las personas se resignan a ser un producto de su entorno o de sus oportunidades. Esto significa que viven una vida decidida en gran parte por otros. En contraste, un Macho Alfa nunca se define a sí mismo o a su potencial por su entorno. En cambio, determina su propia vida siguiendo sus ambiciones, sin importar a dónde estas puedan llevarlo. Esto significa que, como un Alfa, nunca más será una víctima. Su destino no lo decidirá la familia en la que nació, o las oportunidades que otros ofrezcan. En cambio, su destino estará determinado por sus ambiciones y su habilidad para realizarlas.

Otro beneficio de ser un Macho Alfa son las opciones a su disposición. Cuanto más común es una persona, más comunes son sus elecciones. Alguien con ambiciones mediocres solo logrará un éxito mediocre. Los trabajos disponibles para ellos serán limitados en términos de realización y ganancia financiera. Las mujeres que están en "su liga" serán mediocres, prometiendo un futuro de modesta felicidad. Mientras que esto puede ser suficiente para muchos, no son las cosas con las que uno realmente sueña. Aquí es donde ser un Macho Alfa puede marcar la diferencia. Una vez que desarrolle e integre las cualidades Alfa en su vida, se dará cuenta que sus oportunidades aumentan exponencialmente. Mejores trabajos están al alcance de la mano, mayores niveles de ingresos están a su alcance, y la mujer de sus sueños querrá compartir su vida con usted mientras reconoce el Macho Alfa que lleva dentro.

Finalmente, cuando es un Macho Alfa, su perspectiva de la vida cambia dramáticamente. Mientras que la mayoría de la gente se despierta día tras día preguntándose a qué obstáculos se enfrentará en el día siguiente, como un Macho Alfa se preguntará qué oportunidades lo esperan en el día que viene. Esto hace que cada día sea una aventura maravillosa, llena de potencial ilimitado.

En lugar de temer el futuro, lo anticipará con entusiasmo. La razón de esto es que conoce su habilidad para hacer que las cosas sucedan, así que cada día representa una oportunidad para hacer otro sueño realidad. Así, en lugar de que la vida sea algo que se deba soportar o tolerar, se convierte en algo por lo que entusiasmarse. Cada día será una herramienta que usará para convertir sus sueños en realidad. Como Macho Alfa, los desafíos no le dictan su vida, sino que le permiten vivirla.

# Capítulo 7: Por qué las Mujeres Prefieren a los Alfas

Aunque es lógico que las mujeres prefieran los Machos Alfa a cualquier otro tipo de hombre, todavía puede haber un poco de confusión en esta área. Después de todo, hay muchos libros y artículos dedicados al tema de la atracción de las mujeres por hombres amables y cariñosos que no temen mostrar su lado emocional. Esto ha llevado a muchos hombres a elegir un estilo de vida de Macho Beta con la esperanza de ser más atractivos para las mujeres. Desafortunadamente para ellos, la noción de que las mujeres prefieran a los Machos Beta es completamente errónea. Por un lado, se debe a que muchos de los rasgos del Macho Alfa por los que las mujeres dicen no sentirse atraídas no son verdaderas cualidades del Macho Alfa. De hecho, son cualidades que un Macho Alfa rechazaría. Por otro lado, aunque las mujeres quieren ser capaces de compartir un momento tierno y emotivo con su hombre, no quieren tener que cuidarlo como a un bebe, como suele ser el caso de los Machos Beta.

Las razones por las que las mujeres prefieren a los Machos Alfa son muy simples y directas. Este capítulo revelará varias de esas razones, mostrándole como atraer a más mujeres cuando desarrolle su estilo de vida de Macho Alfa.

## La Mente Primitiva

Al discutir las razones por las que las mujeres prefieren los Machos Alfa, una de las primeras cosas a considerar es la biología relacionada con este fenómeno. Los seres humanos son mamíferos, funcionando muchas veces de la misma manera que cualquier otra especie de la naturaleza. Esto significa que las emociones e impulsos que nos mueven son primitivos, los mismos que llevaron a nuestros antepasados cavernícolas a tomar el mismo tipo de decisiones que tomamos hoy. A la luz de esto, se hace evidente por qué una mujer preferiría compartir su vida con un Macho Alfa.

Para empezar, los Machos Alfa son más fuertes. Una vez más, esto no se refiere necesariamente a los músculos o las habilidades en las artes marciales, sino más bien a la fuerza de carácter. Un Macho Alfa tiene la confianza y la motivación necesarias para lograr sus objetivos. Por lo tanto, es visto como más fuerte que aquellos que son tímidos o que carecen de motivación. Aunque lo que constituye la fuerza en el Macho Alfa ha evolucionado a lo largo de los milenios, la atracción natural hacia la fuerza no lo ha hecho, lo que significa que las mujeres se sienten instintivamente atraídas por los Machos Alfa más que por cualquier otro tipo de hombre.

Aunque la capacidad de alcanzar objetivos puede permitir a un Macho Alfa obtener éxito y fama, el verdadero significado de esta capacidad es que el Macho Alfa es capaz de proporcionar seguridad para sí mismo y su familia. Esta es otra forma en la que la mente primitiva puede ser observada em su forma de funcionar. Lo que una mujer anhela es la certeza de que siempre tendrá un hogar cómodo, mucha comida y todas sus necesidades satisfechas. Dado que un Macho Alfa es el epítome del éxito, tanto en el lugar de trabajo como en otros ambientes, tal seguridad está siempre garantizada. Por lo tanto, así como la mujer prehistórica se sentía atraída por el macho que podía construir un refugio sólido y cazar alimentos con éxito, también la mujer moderna se siente atraída por un hombre que puede satisfacer sus necesidades básicas.

Por último, está el asunto del orgullo. Mientras que los Machos Alfa en tiempos prehistóricos probablemente competían en pruebas de fuerza para conseguir su posición, los Alfas de hoy en día ya no tienen que depender de tales actos. En su lugar, tener un trabajo prestigioso, una casa bonita, y un importante saldo bancario proporcionan los mismos derechos para presumir como lo hacía el hecho de derribar y vencer a otros machos en tiempos antiguos. Aunque tales cosas pueden ser vistas como superficiales y materialistas por algunos, el hecho es que todas ellas apuntan a la seguridad financiera que desencadena ese impulso primitivo. No solo es un impulso primitivo en los Machos Alfa el de lograr tal éxito, sino que también es un impulso primitivo en las hembras el ser atraídas por este. Ninguna mujer pierde interés a causa de una gran cuenta bancaria, una gran casa o un estilo de vida demasiado bueno. En cambio, se desaniman por la arrogancia, la misoginia y el comportamiento abusivo de un Macho Beta que tiene esas cosas. La seguridad y la felicidad que tales cosas proporcionan es siempre atractiva para cualquier mujer, tanto antigua como moderna.

### Atributos Alfa que las Mujeres Adoran

Si aún no ha conseguido la fortuna que atraerá a una mujer, no tema. Muchos atributos del Macho Alfa atraerán a una mujer sin importar su cuenta bancaria o el auto que maneje. Sin embargo, esos atributos deben servir para impulsarlo a alcanzar el éxito en otras áreas, demostrando así que puede proporcionar la seguridad y la felicidad que toda mujer desea.

Uno de esos atributos es el de la confianza. No importa en qué situación se encuentre un Macho Alfa, algo seguro es que siempre estará confiado en alcanzar el éxito. Incluso si la vida de este ha sido totalmente cambiada por fuerzas que están fuera de su control, en lugar de llorar sus pérdidas y temer el futuro, un verdadero Macho Alfa verá su condición como una oportunidad para construir una nueva vida, incluso mejor a la que perdió.

Sin embargo, esa confianza no conduce a la arrogancia. En cambio, lleva a la cooperación y al apoyo a un nivel que es inconfundible. Los hombres que cantan sus propias alabanzas, a menudo menospreciando a los demás, no están mostrando confianza ni orgullo; están mostrando una necesidad de validación, algo que refleja inseguridad y ansiedad. Los Machos Alfa compartirán su confianza con otros, ofreciendo apoyo, orientación e incluso ayuda a quiénes están luchando por alcanzar sus objetivos. Tal confianza trae consigo un sentido de compasión que resuena en las mujeres. Esta es una de esas áreas de confusión con respecto a las verdaderas cualidades del Macho Alfa. Mostrar compasión no es un rasgo del Macho Beta, sino de alguien que no teme ser mostrado y que ansía el éxito, tanto para sí mismo como para los que lo rodean. En resumen, la compasión es un rasgo del Macho Alfa.

Otro rasgo del Macho Alfa que atrae a las mujeres es el de la dominación. Aquí hay otro ejemplo de malentendido sobre la verdadera naturaleza de la mentalidad del Macho Alfa. La dominación no significa que llegue a la cima pisando a los que lo rodean. En cambio, es una cuestión de energía. Cuando anhela el éxito, como un Macho Alfa, da lo mejor de sí cada vez que acepta un desafío. Esto puede ser en cualquier área, incluyendo proyectos en el trabajo, proyectos en casa, o incluso un día de diversión con amigos y seres queridos. Un simple juego de dardos, por ejemplo, pondrá de manifiesto la naturaleza competitiva de un Macho Alfa. Aunque es solo un juego, uno que no cambiará la vida de nadie de ninguna forma, un Macho Alfa pondrá todo su esfuerzo en ganar. Su energía y compromiso le harán destacar, dominando a los que le rodean. La mejor parte es que, aunque no gane, no solo se reconocerán sus excepcionales esfuerzos, sino que su graciosidad en la derrota también le hará destacar por encima de los demás. No es que disfrute de la derrota como tal. Más bien, demuestra que es lo suficientemente fuerte para compartir el éxito de otra persona.

### Lo Que Los Machos Alfa Aportan a una Relación

Si bien una muestra de seguridad financiera y atributos confiables ayudarán a atraer a una mujer, puede que no sean suficientes para mantenerla a su lado una vez que la haya conquistado. Para lograr ese objetivo, el de mantener una mujer a largo plazo, se necesita dominar los elementos que hacen que una relación funcione. Afortunadamente, los mismos rasgos que aseguran el éxito de un Macho Alfa en otras áreas de la vida también asegurarán el éxito en el área de las relaciones a largo plazo. Por lo tanto, mientras que los Machos Beta tendrán dificultades para mantener el interés de una mujer, los Alfas mantendrán a una mujer a su lado durante el tiempo que ellos elijan.

Una de las cualidades más importantes del Macho Alfa cuando se trata de hacer funcionar una relación es la de ser directo. Mientras que a las mujeres les puede gustar un poco de misterio, no les gusta jugar cuando se trata de iniciar una relación. Un error que la mayoría de los hombres cometen es que dicen lo que creen que una mujer quiere oír para ser feliz. Desafortunadamente, con el paso del tiempo, esas declaraciones son vistas como engaños, llevando a conflictos y relaciones fallidas. Por el contrario, los Machos Alfa siempre son honestos, diciendo a una mujer la verdad sobre todo desde el principio. Aunque esta verdad no sea ideal, como por ejemplo si al Macho Alfa no le gustan los perros y la mujer adora estos animales, al menos ella sabrá de antemano que hay desafíos que enfrentar. Esto crea confianza y respeto, cualidades que son la base de toda relación exitosa y duradera.

Otro aspecto beneficioso de la mentalidad de un Macho Alfa en una relación es que reduce e incluso elimina el estrés de la mujer. Una de las principales causas de estrés en una relación es la incertidumbre. Si una mujer no está segura de cómo se siente el hombre o de lo que está pensando, puede crear todo tipo de escenarios negativos en su mente, los cuales causan un estrés y una ansiedad incalculables. Un Macho Alfa siempre será directo con sus pensamientos y sentimientos, eliminando cualquier incertidumbre y el estrés y la ansiedad que dicha incertidumbre puede causar. Esto también evita que una mujer se sienta como si estuviera perdiendo el tiempo. En lugar de poner grandes cantidades de tiempo y esfuerzo en una relación incierta, ella sabrá si la relación tiene futuro por las cosas que el Macho Alfa dice y hace.

Por último, la confianza de un Macho Alfa es de vital importancia para crear una relación sana y vibrante en todos los niveles. Una cosa que esta confianza hará es permitir que un Alfa se abra a su pareja. Esto evita que se sienta excluida, como es el caso de tantos hombres "machos" que son, de hecho, Beta en la naturaleza. Ya que un Alfa no teme el rechazo, estará completamente dispuesto a compartir sus sentimientos sobre cualquier asunto. Este es el lado tierno de un hombre, a menudo se asociado erróneamente con los hombres Beta.

Esta confianza también permitirá a un Alfa salir de su zona de confort. Habrá un momento en cualquier relación en el que la mujer quiera hacer algo que el hombre simplemente no quiere hacer. Mientras que los Betas se negarán a participar o encontrarán excusas que les permitan evitar el tema, los Alfas, aunque reacios, con gusto complacerán a su pareja en una actividad que pondría a otros hombres de rodillas. Ir a ver una película de chicas, por ejemplo, es algo que un Alfa puede no querer hacer, pero lo hará con gusto para hacer feliz a su mujer. No se preocupará por quién lo vea entrar o salir del cine, y no tendrá que llevar una motosierra para demostrar que sigue siendo un hombre. Acompañará a su dama con orgullo y confianza, haciéndose destacar de una manera que la mayoría de los hombres solo sueñan.

## Por Qué Usted Debería Escoger la Forma Alfa

Al final, si quiere atraer y mantener a la mujer de sus sueños, solo hay una forma de hacerlo: la forma del Macho Alfa. De nuevo, esto no se trata de tener músculos definidos para impresionar, ni de ser duro y macho. El truco es ser un verdadero Alfa, alguien lleno de confianza e integridad, cualidades que le permitirán complacer a cualquier mujer durante cualquier periodo de tiempo. Además de ser cualidades que benefician a la mujer, las cualidades Alfa de confianza e integridad también lo mantendrán feliz.

Una forma en que la confianza puede hacerle feliz en términos de una relación es que evitará que mantenga una relación que lo hace miserable. Hay momentos en que la mujer de sus sueños puede llegar a ser realmente una pesadilla. Si no tiene la confianza necesaria para encontrar otra relación mejor, puede resignarse a sentirse miserable en lugar de estar solo. Sin embargo, cuando posee la confianza de un Macho Alfa, sabe que no solo merece algo mejor, sino que es capaz de encontrar algo mejor. Esto le permitirá dejar una relación tóxica antes de que pueda afectar negativamente su vida.

Otra forma en que la confianza le beneficiará es que nunca tendrá miedo de perder a la mujer de sus sueños. A veces incluso un Macho Beta puede hacer las cosas correctas y decir las palabras adecuadas para conseguir el premio. Sin embargo, tal premio solo le causará miseria en el futuro, ya que siempre estará celoso y sospechará de cualquier otro hombre. Cuando tenga la confianza de un Macho Alfa, se sentirá seguro de que la mujer de sus sueños nunca se irá de su lado. Ningún hombre podrá competir con usted y ganar el afecto de su dama. Esto hará que cada día con ella sea celebrado en vez de ser temido.

# Capítulo 8: Hábito de Macho Alfa #1: Confianza

La clave para desarrollar cualquier tipo de estilo de vida es desarrollar los hábitos correctos. Esto es evidente incluso para los malos estilos de vida, donde hábitos como comer comida rápida y no hacer ejercicio conducen a una mala salud, baja autoestima y una vida mediocre en el mejor de los casos. En contraste, cuando se crean hábitos positivos y fuertes, se crea un estilo de vida con estas características. Esto se aplica hasta al más fuerte y positivo de los estilos de vida, a saber, el del Macho Alfa. Dado que la confianza es la base sobre la que se construye el estilo de vida del Macho Alfa, el primer hábito que hay que formar es el de practicar la confianza. Este capítulo tratará de lo que hay que evitar al crear este hábito, como las muchas caras falsas de la confianza, comúnmente confundidas con las cualidades del Macho Alfa. Además, se le darán acciones específicas para tomar diariamente, las cuales harán que la confianza sea una parte natural de su comportamiento. Finalmente, algunos beneficios del hecho de tener confianza en su vida serán presentados, dándole una motivación extra para comenzar a desarrollar su estilo de vida de Macho Alfa.

## Las Falsas Caras de la Confianza

Puede parecer repetitivo seguir refiriéndose a las cualidades que la mayoría de la gente asocia erróneamente con el hecho de ser un Macho Alfa, pero la verdad es que estas cualidades pueden ser devastadoras para cualquiera que esté tratando de desarrollar un verdadero estilo de vida de Macho Alfa. Por lo tanto, antes de empezar a aprender las verdaderas características de la confianza y los pasos necesarios para desarrollarlas, es vital que reconozca las falsas caras de la confianza para poder evitarlas a toda costa. Las siguientes son algunas de las más comunes caras falsas de la confianza:

- **Intimidar a Otros:** El comportamiento de un matón puede parecer confiado, pero hay que reconocer que en realidad es bastante cobarde, porque este tipo de persona invariablemente se mete con los que considera ser más débiles que él.
- **Alardear:** Si bien la ostentación puede parecer una actitud confiada, es, de hecho, una señal de que una persona necesita validación. Alguien que está verdaderamente seguro no tendrá que ponerse en el punto de mira como lo hace una persona presumida. En cambio, está seguro de sus habilidades sin importar lo que digan los demás. Se alegra de permanecer en silencio sobre sus éxitos; nunca tiene que buscar elogios o reconocimiento.
- **Chismorrear:** Como la intimidación, el chismorreo es cuando una persona denigra a otra, aunque en este caso, es a sus espaldas. Ninguna persona con confianza en sí misma se involucraría en este comportamiento; rebajar a otras personas para presumir es solo otra forma de cobardía.
- **Hábitos de las Personas Inseguras**

Además de las falsas caras de la confianza, algunos hábitos deben ser absolutamente evitados para construir un estilo de vida de Macho Alfa. Estos hábitos son aquellos causados por la falta de autoestima y autoconfianza. Mientras que algunos pueden parecer inofensivos, si se les permite seguir existiendo, socavarán sus esfuerzos para crear la vida de sus sueños. Algunos hábitos comunes de las personas inseguras incluyen los siguientes:

- **Necesidad de una Validación Constante:** Uno de los signos más reveladores de inseguridad es la constante necesidad de validación. Si usted constantemente busca aprobación, reconocimiento, o la proverbial palmadita en la espalda, le falta la autoestima de un Macho Alfa. Solo cuando deje este hábito podrá empezar a formar aquellos que le den la confianza que desea.

- **Falta de Aseo:** Una cosa que crea confianza es cuidar su apariencia física. Por lo tanto, cuando deja de cuidar cosas como el pelo, la piel y otros elementos básicos, demuestra un bajo sentido de autoestima. Nunca se deje caer en el hábito de un mal aseo personal.

- **Apatía:** Cuando alguien tiene confianza, tiende a buscar oportunidades, persiguiendo ansiosamente cualquier cosa que pueda ayudarles a crear la vida de sus sueños. Alternativamente, alguien que carece de confianza esperará a que las cosas sucedan. Esto es una señal de que están esperando ser rescatados, lo que significa que necesitan una figura salvadora para ser libres. Ya que un Macho Alfa es su propia figura salvadora, la apatía no tiene cabida en este estilo de vida.

- **Evitar el Contacto Visual:** Cualquiera que evite el contacto visual es un mentiroso o alguien con una completa falta de confianza en sí mismo. Pocas cosas muestran tanta sumisión como ser incapaz de mantener un contacto visual saludable con otra persona.

- **Disculparse Constantemente:** Una cosa es disculparse por pisar a una persona, o por cometer un error. Otra cosa es disculparse por todo, incluso por las cosas que no son culpa suya de ninguna manera. Esto es nada menos que un intento de hacer felices a todos los demás a su costa. De nuevo, es algo que ningún Macho Alfa jamás haría.

**Señales de la Verdadera Confianza**

Ahora que tiene una idea de algunos de los hábitos comunes de las personas inseguras, es hora de echar un vistazo a los signos de la verdadera confianza. Estos son los hábitos que cualquier Macho Alfa practicará todos los días, haciéndolo sobresalir del resto de la multitud. Algunos signos de verdadera confianza incluyen:

- **Lenguaje Corporal Fuerte:** Cosas como una postura buena y amplia, brazos no cruzados y una zancada poderosa reflejan confianza. Todos estos son ejemplos de un fuerte lenguaje corporal, algo que engendra respeto y confianza en los que lo rodean. Ser capaz de mantener el contacto visual con otra persona es otro ejemplo.

- **Estar Bien Arreglado:** Cuando invierte el tiempo, el esfuerzo y el dinero en el cuidado de su cuerpo, le dice al resto del mundo que usted vale la pena. Esto no solo le hace más atractivo para aquellos con los que interactúa, sino que también demuestra el hecho de que posee altos niveles de confianza en sí mismo.

- **Estar Bien Vestido:** Además de tomar el tiempo y el esfuerzo para cuidar de su piel, cabello y de su cuerpo en general, es vital que invierta el mismo tiempo y esfuerzo en la ropa que usa. Usar ropa promedio hará que lo vean de forma promedia; cuando se viste con ropa que le queda bien, que es elegante, y que se destaca, envía el mensaje de que usted es seguro y capaz.

- **Ser Solidario:** Ya sea escuchando con atención a los problemas de otras personas, dando un hombro para llorar, o ayudando a alguien que está pasando por un momento difícil, ser solidario es una señal de que es un verdadero Macho Alfa. Esto se debe a que los Alfas saben que tienen la suficiente habilidad no solo para asegurar su propio éxito, sino también para ayudar a otros a alcanzarlo. Un hombre verdaderamente confiado no necesita menospreciar a los demás para sentirse bien consigo mismo. En cambio, se enorgullece y satisface de levantar a los demás.

- **Integridad:** Decir lo que quiere decir y cumplir las promesas que hace son signos de verdadera confianza. Los Machos Alfa no le dirán a la gente solo lo que quieren oír, ni harán promesas que no puedan cumplir. Además, tendrán un código de conducta que cumplirán independientemente de las circunstancias. Un Macho Alfa nunca comprometerá sus valores.

**Pasos para Aumentar la Confianza**

Aunque ya tenga algunos de estos hábitos positivos en su vida, otros pueden necesitar ser desarrollados desde los comienzos. Afortunadamente, el proceso de desarrollar cualquier hábito es relativamente simple y directo. El truco es encontrar un comportamiento que encarne el hábito y practicarlo diariamente. Eventualmente, el comportamiento se convertirá en algo natural, haciendo de él y de sus cualidades una parte de su vida diaria. Los siguientes son algunos comportamientos que debe practicar para desarrollar el hábito de la confianza:

- **Mejorar su Apariencia:** Como se mencionó anteriormente, la apariencia es una gran parte de la confianza en sí mismo. Esto va tanto para el aseo como para la ropa que usa. Por lo tanto, el primer paso para desarrollar la confianza es revisar su armario, deshacerse de toda la ropa que es vieja, desgastada u ordinaria y reemplazar estas prendas con ropa que lo hagan ver y sentir mejor.

Además, cambie su corte de pelo. Deje de ir al peluquero de diez dólares y gaste el dinero para que un estilista adecuado le dé el cambio de imagen que se merece. Dese treinta días para lograr estos objetivos de mejorar su apariencia personal.

- **Volverse Sociable:** Cualquiera que haya luchado con la inseguridad sabrá lo difícil que puede ser interactuar con extraños. Sin embargo, la única manera de crear confianza es enfrentar a sus miedos. Por lo tanto, el siguiente paso es comenzar a interactuar con las personas regularmente. Inicie conversaciones con baristas o cajeros, preguntando sobre su día. Mantenga el contacto visual con ellos mientras lo hace, asegurándose de que se conecta con ellos de una manera significativa. Tómese treinta días para desarrollar esta habilidad, comenzando lentamente para ser más fuerte al final.
- **Encargarse de sus Finanzas:** Una de las principales causas de la baja autoestima es la inseguridad financiera. Aunque no pueda salir y duplicar sus ingresos de inmediato, puede tomarse el tiempo para asegurarse de eliminar los malos hábitos de gasto. Tómese treinta días para repasar sus hábitos de gasto y eliminar todos los gastos innecesarios que le causen dificultades financieras. Esto también proporcionará el dinero necesario para cosas como un mejor peinado y una mejor ropa.
- **Encargarse de su Trabajo:** A menos que usted sea de una minoría muy pequeña, lo más probable es que esté descontento con su trabajo de alguna manera. En lugar de aceptar la situación, tómese los próximos treinta días para mejorarla. Busque maneras de mejorar el trabajo que tiene o empiece a buscar otro empleo. Actualice su currículum y utilice sus nuevas habilidades para socializar y lucir bien para conseguir un trabajo que lo haga feliz y que además pague las cuentas.
- **Rodearse de Amigos:** Un hábito en el que muchas personas caen es el de aislarse. Esto puede socavar significativamente el sentido de autoestima de una persona. Por lo tanto, durante los próximos treinta días, pase un tiempo de buena calidad con aquellas personas que le hacen

sentir amado y apreciado. Invítelos a cenar o a salir por la ciudad. Mientras se rodee de amor y positividad, su confianza seguirá creciendo.

• **Encontrar su Fe:** Toda persona necesita un sistema de creencias al que pueda recurrir en tiempos difíciles, y al que pueda aspirar para mejorarse a sí misma. Esto no significa que tenga que elegir una religión como tal, sino que debe sentarse y decidir cuáles son sus creencias. Además, tómese el tiempo para sentirse bien con todas las cosas que tiene. Agradezca a las personas de su vida, sus oportunidades e incluso su deseo de mejorar. En resumen, tómese los próximos treinta días para descubrir y escribir las cosas que realmente le importan.

## El Impacto de la Confianza en Su Vida

Casi no hay límite a los beneficios que los altos niveles de autoconfianza pueden traer a su vida. Sin embargo, el simple hecho de decir eso puede no ser suficiente para mantenerlo motivado cuando se trata de formar los hábitos necesarios para aumentar la confianza en sí mismo. En su lugar, puede que necesite una recompensa sólida a la vista, un premio al que mantener los ojos puestos para que siga avanzando en la dirección correcta. Los siguientes son algunos ejemplos de los premios que esperan a alguien con alta confianza en sí mismo:

• **Aumento de la Atractividad:** Hábitos como mantener el contacto visual, vestirse y arreglarse para el éxito, y otros similares hacen más que aumentar su sentido de confianza. Sirven para volverlo más atractivo para los demás. Por lo tanto, a medida que desarrolle estos hábitos, se hará más deseable a los ojos de los demás. Esto incluye mujeres, empleadores potenciales, arrendadores, vendedores y otros que puedan influir en su futuro éxito. La confianza que exuda al interactuar con estas personas a menudo le servirá para acercarse a la vida de sus sueños.

- **Aumento de Oportunidades:** Una cosa que la confianza le permite hacer es salir de su zona de confort. Esto le permitirá encontrar oportunidades que de otra manera no habría tenido. Cuantas más oportunidades cree, más probabilidades tendrá de alcanzar el éxito que desea y merece.

- **Mejores Elecciones:** Cuando usted lucha con la inseguridad, tiende a tomar decisiones por miedo en lugar de por deseo. Puede que se conforme con un trabajo que sabe que puede hacer en lugar de perseguir el trabajo de sus sueños. De la misma manera, puede conformarse con una mujer que le haga "suficientemente feliz" en lugar de buscar la que hará que todos los días se sienta como en Navidad. Sin embargo, cuando tenga un alto nivel de confianza, tomará mejores decisiones, y esas decisiones le ayudarán a crear la vida de sus sueños.

# Capítulo 9: Hábito de Macho Alfa #2: Persistencia

Una de las mayores ideas erróneas sobre el éxito es que de alguna manera debería ser instantáneo. En un mundo de gratificación inmediata, desde la comida rápida hasta la entrega al día siguiente, la gente se ha acostumbrado a conseguir lo que quiere sin demora. Si se toma el tiempo para observar la situación, notará una verdad siniestra; la mayoría de las cosas que pueden ser alcanzadas instantáneamente no valen la pena. Tomemos el ejemplo de la comida; cualquier comida que pueda ser preparada en cinco minutos o menos no será el tipo de comida que va a recomendar a otros. Por otro lado, esperar media hora o más por una comida de calidad normalmente vale la pena.

Esto es cierto en todas las áreas de la vida, no solo con respecto a la comida. Cualquier éxito significativo tomará tiempo para ser alcanzado. Desafortunadamente, aquí es donde la mayoría de la gente falla. No poseen la única cualidad necesaria para lograr los resultados que desean: la persistencia. Los Machos Alfa, por el contrario, cuentan con la persistencia necesaria para alcanzar esos elevados objetivos, los que llevan al éxito capaz de cambiar una vida. En este capítulo se examinarán algunas de las formas en que la persistencia vale la pena, así como las formas de desarrollar el hábito de ser persistente.

### Evitar el Camino Fácil

A veces se verá enfrentado a dos alternativas en los momentos más críticos de su vida. La primera opción es la más fácil, la que requiere la menor cantidad de tiempo, esfuerzo y recursos de su parte. Esta es la elección que promete una gratificación instantánea. La otra elección es la difícil, la que exige mayores cantidades de tiempo, energía y recursos para ver el resultado final. Aunque esta elección resulta ser más exigente en todos los sentidos, siempre promete ofrecer resultados que valgan la pena la inversión extra. Es por eso que la elección más difícil es a menudo referida como la "elección correcta" por los Machos Alfa.

Cuando toma la decisión más difícil, ocurren dos cosas. Primero, se protege de resultados inferiores. Cuando se aleja del "drive-in" del restaurante de comida rápida, se protege de las carnes procesadas, los aceites grasos y los alimentos con alto contenido de almidón y sal que ofrecen estos lugares. En otras palabras, protege su cuerpo del sobrepeso, de una obstrucción de las arterias y de una presión arterial alta. Ninguna cantidad de tiempo ahorrado vale la pena pagar ese costo.

Lo segundo que sucede cuando toma la decisión más difícil es que se prepara para un mayor éxito. Claro, ir a un buen restaurante que sirve comida recién preparada puede costar más, y definitivamente tomará más tiempo conseguir su plato, pero el producto final será infinitamente mejor que el veneno que estaría comiendo de una bolsa de papel. Su cuerpo y su mente estarán más saludables y felices, mejorando su calidad de vida. Eventualmente, como Macho Alfa, comenzará a ver que la elección más difícil suele ser la más atractiva.

## Cómo la Persistencia lo Cambia Todo

La idea de mejores resultados que requieren un mayor esfuerzo se puede ver en todas las áreas de la vida. Una de esas áreas es el mejoramiento del físico. Al tener que elegir entre ir al gimnasio y quedarse en casa a ver la televisión, la mayoría de la gente elige la opción más fácil. El resultado es que la persona promedio tiende a tener sobrepeso, falta de energía y, en última instancia, baja autoestima. Quienes optan por ir al gimnasio terminan con niveles más altos de salud física, salud mental y sensación general de bienestar, lo que en última instancia lleva a una mayor autoestima.

Además, la persona que va al gimnasio tiene la opción de ir quizás por veinte minutos al día tres veces a la semana, o por una hora al día cinco veces a la semana. Una vez más, el individuo que haga la elección más difícil obtendrá los mejores resultados. Al final, la elección entre lo fácil y lo difícil es una situación recurrente. Cuanto más elija el camino difícil, mejor será inevitablemente su resultado.

Otra forma en que la persistencia puede dar frutos es a través del reducimiento de la resistencia. Tomemos, por ejemplo, el caso de alguien que persigue el trabajo de sus sueños. Al principio, puede que no consiga el trabajo, ya que lo podría conseguir alguien con más experiencia, o como suele ser el caso, que conoce a alguien adentro de la organización en cuestión. La mayoría de las personas verían ese primer intento como su única oportunidad de éxito y abandonarían, resignados a no conseguir nunca ese trabajo. En cambio, un Macho Alfa persistirá en sus esfuerzos, enviando solicitud tras solicitud, yendo a una entrevista después de la otra. Eventualmente, la resistencia quebrará, y la persistencia saldrá ganadora. El Macho Alfa se da cuenta de un simple secreto, a saber, el hecho de que el resultado es lo que cuenta, no el tiempo o el esfuerzo que se necesita para alcanzarlo.

La piedra es mucho más dura que el agua, así que la lluvia rebotará en un muro de piedra sin dejar rastro. Sin embargo, si la piedra se expone a una fuente de agua constante, eventualmente se desgastará. El Gran Cañón, uno de los valles más grandes del mundo, fue creado por un río que poco a poco corroyó a la piedra. Este es uno de los ejemplos de la naturaleza de cómo la persistencia puede vencer contra todas las probabilidades.

### Lo que la Persistencia Dice Sobre un Hombre

La persistencia es una cualidad que puede ser fácilmente vista por otros, y dice mucho sobre el hombre que está siendo observado. Una cosa que dice la persistencia sobre un hombre es que está dispuesto a hacer lo que sea para alcanzar sus objetivos. Esto significa que no es adicto a la gratificación inmediata ni se inclina a conformarse con victorias menores. En su lugar, se dedica a crear los mejores resultados posibles.

Otra cosa que la persistencia dice sobre un hombre es que no es perezoso. Solo una persona que está llena de energía y pasión puede permanecer persistente hasta que su objetivo sea alcanzado. Estos atributos son muy atractivos, no solo para las mujeres, sino también para los hombres de negocios, jefes y líderes de todo tipo que buscan a los mejores hombres para incorporarlos a su equipo. Así, cuando un Macho Alfa utiliza su persistencia para lograr sus objetivos, llama la atención sobre sí mismo, el tipo de atención que le abrirá todo tipo de puertas y pondrá a su alcance innumerables oportunidades.

Finalmente, cuando un hombre es persistente, demuestra el hecho de que sabe lo que quiere. Esto significa que su vida ya está en una trayectoria hacia el éxito. Los Machos Alfa saben exactamente lo que quieren, lo que significa que se mueven hacia un destino.

### Ejemplos de Persistencia en Nuestro Mundo

Irónicamente, parte de la tecnología que ha llevado a una cultura acostumbrada a la gratificación instantánea debe su existencia a una tecnología desarrollada gracias a una persistencia implacable. Thomas Edison pasó por mil intentos fallidos antes de descubrir el diseño que finalmente cambió el mundo en el que vivimos hoy.

Henry Ford persistió a través de cinco bancarrotas antes de finalmente establecer la "Ford Motor Company".

Walt Disney persistió a través de múltiples negocios fallidos antes de alcanzar el éxito, un avance que ha cambiado el mundo del entretenimiento para siempre.

Albert Einstein persistió durante muchos años de lucha antes de finalmente descubrir las teorías que revolucionarían el mundo de la ciencia.

El Dr. Seuss, autor de libros infantiles mundialmente conocido, fue rechazado veintisiete veces antes de que finalmente se publicara su primer libro.

Michael Jordan fue expulsado del equipo de baloncesto de su colegio por no cumplir las expectativas.

Vincent van Gogh solo vendió una pintura durante su vida, sin embargo, su trabajo es considerado actualmente como algo incomparable en el mundo del arte.

La NASA experimentó veinte fracasos en veintiocho intentos de enviar un cohete al espacio.

Estos son solo algunos de los muchos ejemplos de personas que persistieron a través del fracaso y lucharon por alcanzar sus objetivos. La lección que hay que aprender es que la persistencia es la clave del éxito. No importa quién es o de dónde viene. Puede tener todos los recursos a su disposición y aun así sufrir innumerables reveses antes de alcanzar el éxito. Puede estar en bancarrota y sin perspectivas, pero el éxito está a la vuelta de la esquina, esperando que lo encuentre. Solo cuando persista, llegará al destino final, aquel en el que toda la lucha y las penurias habrán dado resultados. Entonces podrá aprovechar de los frutos de su éxito: la vida de sus sueños.

# Capítulo 10: Habito de Macho Alfa # 3: Postura

Otro hábito crítico que formar para desarrollar una mentalidad de Macho Alfa es el de mantener una postura dominante. En este caso, una postura es la visión de un individuo sobre la realidad. Es la perspectiva con la cual perciben el mundo que les rodea. Cada persona opera desde su propia perspectiva única, lo que significa que nadie ve la realidad exactamente de la misma manera. Diferentes realidades pueden chocar de vez en cuando, creando una especie de competencia. Una realidad debe someterse a la otra para que ambas personas puedan coexistir. Como Macho Alfa, rara vez querrá someterse a la postura de otro. En cambio, usted debe ser quién establezca la realidad en la que todos los demás existen. Este capítulo discutirá el impacto que el control de este marco tendrá en su vida, así como numerosos métodos para desarrollar la capacidad de crear y mantener una postura dominante.

### La Trampa del Compromiso

Muchas tradiciones enseñan la importancia del compromiso, afirmando que cuando todos están dispuestos a dar un poco en una situación, nadie tiene que perder. Esta teoría suena maravillosa, pero es una de las innumerables teorías que funcionan mucho mejor en el papel que en la realidad. La verdad del asunto es que cada situación contiene un cierto momentum. A medida que una persona cede a las demandas de la otra, comienza a moverse en una dirección negativa; y a pesar de que le corresponda la otra persona, esta última continúa moviéndose en una dirección positiva, tomando todo lo que puede hasta que finalmente es el ganador. Esto no significa que una persona sea buena y la otra mala, es solo un reflejo de la naturaleza humana. De hecho, refleja la esencia de todas las especies; cada vez que los animales interactúen, uno de ellos alcanzará el dominio mientras que los otros serán sometidos.

Esta es la trampa del compromiso. Cada vez que se cede a las demandas de otra persona, no solo se debilita la posición de uno, sino que también se fortalece la posición de la otra persona. Por lo tanto, incluso la más pequeña concesión puede convertirse en el primer paso de una pendiente muy resbaladiza, una que lo llevará a la parte inferior mientras que la otra persona está en la parte superior. Por lo tanto, nunca debe ceder ni un centímetro cuando tiene una idea clara de la meta que quiere alcanzar. Solo si se aferra a su visión, tendrá alguna posibilidad de alcanzar ese objetivo. Esta es una forma de controlar el marco.

Otra trampa del compromiso es que cada vez que cede para acomodar las metas o deseos de otra persona, está dejando que esta viva su vida. Ahora, en lugar de que su tiempo y esfuerzos lo lleven a lograr sus objetivos, lo llevan a lograr los objetivos de otra persona. Eventualmente, es como si su vida ya no fuera suya. Es como si la otra persona tuviera dos vidas ahora, o incluso más dependiendo de cuántas personas se sometan a su voluntad. Esto puede no suceder de la noche a la mañana, sino que suele evolucionar a lo largo de un prolongado período de tiempo. Dar una pulgada aquí y una hora allá puede parecer insignificante ahora, pero con el tiempo esos pequeños hechos se suman, resultando al final en un sacrificio de kilómetros y años. La mejor manera de evitar este peligro es nunca comprometerse por nadie, nunca.

### Establecer Su Propia Postura

El entendimiento común del compromiso es que lo opuesto es la tiranía. En otras palabras, si no está dispuesto a dar un poco, debe significar que tiene la intención de controlar a todos los demás. Esto no es en absoluto lo opuesto al compromiso. En cambio, lo verdaderamente opuesto es la independencia. Cuando no está dispuesto a sacrificar sus ideales o metas por la felicidad de alguien más, es independiente de lo que otras personas sienten, hacen o dicen. Este es el rostro de la verdadera libertad. Por lo tanto, para estar libre de las influencias y controles de los demás, debe evitar el compromiso. La mejor manera de lograr este objetivo es establecer su marco personal.

Uno de los principales elementos de su postura personal es su conjunto de objetivos. Cuando tiene metas específicas que quiere alcanzar, entonces eso se convierte en el marco de su realidad. Cualquier acción, idea, pensamiento o palabra que lleve a la consecución de sus objetivos encaja en su postura. Todo lo demás cae fuera de ella, ya que probablemente solo impida su progreso, o peor aún, lo aleje de su destino deseado. La presión de sus colegas, por ejemplo, no lo afectará cuando tenga una postura sólida. Mientras que otros pueden someterse a la presión y cambiar sus acciones, usted mantendrá el rumbo, quedándose fiel a los valores que lo llevarán al éxito.

Al final, además de ser su percepción de la vida en su conjunto, su postura es la percepción que tiene de su vida personal. Es cómo se ve a sí mismo en el aquí y ahora, así como se ve a sí mismo en el futuro. Se trata de sus acciones, sus creencias y su visión de lo que el éxito realmente significa. De esta forma, al crear una postura fuerte no se trata de controlar a los demás, sino de ganar el control final sobre su propia vida y nunca permitir que las influencias externas le quiten ese control.

### Mantener Su Propia Postura Personal

Una vez que haya establecido su postura, el siguiente paso es mantener esa perspectiva a toda costa. Como se acaba de señalar, para mantenerla, debe siempre evitar la trampa del compromiso. Otro mal hábito que hay que romper para mantener su postura personal es el de ser reaccionario. Con demasiada frecuencia, puede parecer necesario tratar de convencer a los demás de que su visión, valores o metas son correctos. Sin embargo, cada vez que trata de convencer a otra persona de su postura, en realidad se está sometiendo a la forma de ver el mundo de aquella persona; cuando mantiene su postura, no se preocupa lo que los demás piensen o digan. De hecho, está dispuesto a perder el apoyo de aquellos que no ven las cosas a su manera.

Es un poco como conducir un autobús; como conductor, usted decide la dirección en la que va el autobús. Si a algunos de los pasajeros no les gusta, pueden bajarse en la siguiente parada. Los que eligen quedarse son las personas que están de acuerdo con su dirección y por lo tanto son los que quiere a su lado.

Esto lleva a una regla muy importante que cada Macho Alfa aplica en su vida. Esa regla es ganar control sobre sus emociones. Cada vez que una persona se enfurece o se frustra extremamente, abandona su propia visión sobre el mundo y se deja consumir por la perspectiva de otro. Tales arrebatos solo sirven para revelar la inseguridad dentro del individuo; inseguridad que nace de la duda, la baja autoestima y todos los demás elementos que son contrarios a la mentalidad de un Macho Alfa. Como Macho Alfa, debe mantener el equilibrio emocional en todo momento. Siempre manténgase enfocado en sus objetivos y su perspectiva. Si alguien no está de acuerdo o desafía su postura, dese cuenta de que no tiene nada que demostrar. Al ser fiel a usted mismo, ganará el respeto de aquellos que realmente valen la pena. Cualquier persona que no respeta sus cualidades de Macho Alfa es alguien que no necesita en su vida.

Por ejemplo, digamos que quiere vender su casa, y pide 200.000 dólares por ella. Mucha gente puede contactarlo y hacer contraofertas, normalmente mucho menores al precio pedido. Evitando un compromiso, se asegura de alcanzar su propio éxito, y no el éxito de alguien más. Además, no tiene que enfadarse o frustrarse nunca y con ninguna persona que haga una contraoferta. Todo lo que tiene que hacer es rechazar cada contraoferta con dignidad y respeto. El hecho de que no quieran gastar el dinero que les pide no significa que esté equivocado. No está tratando de vender su casa a alguien en particular de todos modos. La verdad es que no importa quién compre su casa. Lo importante es que la venda y que obtenga el precio que está pidiendo. Eventualmente, un comprador vendrá y estará de acuerdo con los términos. Entonces usted es el ganador, ya que se aferró a su postura, manteniendo su integridad y visión en cada paso del camino. Irónicamente, la persona que comprará la casa será normalmente una de las personas que hizo contraoferta tras contraoferta tratando de que usted se comprometa, demostrando así que su marco era razonable después de todo.

# Capítulo 11: Hábito de Macho Alfa # 4: Apariencia Física

Una cosa que no puede ser exagerada es el simple hecho de que ser un Macho Alfa es mucho más que tener un físico perfectamente esculpido. La confianza, el carisma, el propósito y otras cualidades similares son elementos vitales de la personalidad del Macho Alfa. Sin embargo, nada de esto significa que el ejercicio y el fisicoculturismo deban ser ignorados o evitados. Aunque no son lo más importante en un Macho Alfa, todavía juegan un papel fundamental. Por lo tanto, un hábito que se recomienda para desarrollar su estilo de vida de Macho Alfa es trabajar en su físico diariamente. Este capítulo destacará algunos de los métodos más comunes y efectivos para crear una apariencia física que atraiga la atención deseada de las personas adecuadas.

### Desarrollar una Apariencia Sana

Cuando se trata de desarrollar la apariencia física de un Macho Alfa, debe empezar por centrarse en su salud. No se mostrará ninguna cantidad de tono muscular si tiene kilos no deseados alrededor de la cintura o en los brazos. Por lo tanto, antes de ir al gimnasio a levantar pesas y construir bíceps fuertes, necesita alcanzar el peso ideal para su altura y edad. Dado que esto varía de una persona a otra, se recomienda que investigue en línea para determinar su peso ideal o que busque un entrenador que pueda guiarlo en la dirección correcta.

La dieta es el elemento más importante cuando se trata de controlar el peso. Independientemente de si usted busca añadir kilos a un físico delgado o quitar kilos de un cuerpo más redondo, los alimentos que usted consume, junto con las porciones y las horas del día en las que come, afectarán significativamente su progreso. Por lo tanto, incluso antes de comenzar cualquier régimen de ejercicios, debe deshacerse de toda la comida no sana y comenzar a comer alimentos saludables como verduras, frutas y alimentos ricos en proteínas como huevos, frijoles y pescado. Estos últimos son excelentes fuentes de proteínas y otros nutrientes que pueden ayudar a crear un peso corporal saludable, sin importar la dirección en la que necesite ir. Además, beber muchos líquidos, sobre todo agua o leche, le ayudará a tener la masa corporal necesaria para que todos los demás esfuerzos valgan la pena.

Además de comer los alimentos correctos, se recomienda que comience un régimen de suplementos diarios para ayudarle a cambiar su masa corporal. Cualquier tienda de nutrición o gimnasio de buena reputación tendrá muchas vitaminas, suplementos nutricionales y otros artículos que le ayudarán a quemar grasa, a aumentar de peso o de cualquier manera que necesite. Aunque muchas personas rehúyen de los suplementos, en realidad pueden marcar una gran diferencia en cuanto a la rapidez con la que se empiezan a ver los resultados. Tomar píldoras para quemar grasa por sí solo no hará el trabajo. Sin embargo, cuando se combinan con una dieta saludable y ejercicio, los resultados son exponencialmente mejores. El truco está en no confiar en una sola solución, sino en implementar varios esfuerzos diferentes al mismo tiempo. Esto no solo aumenta sus posibilidades de éxito, sino también el nivel que puede alcanzar.

El tercer punto de su estrategia tomará la forma de ejercicios cardiovasculares. Ya sea que esté tratando de perder peso o mejorar el tono de su cuerpo, los ejercicios cardiovasculares son esenciales para su progreso. Combinados con una dieta y suplementos, estos entrenamientos impactarán en cada una de las áreas de su salud y bienestar.

La integración de múltiples enfoques es uno de los dos ingredientes clave cuando se trata de crear una apariencia física saludable; el segundo ingrediente es la consistencia. A menos que usted cree los hábitos de hacer ejercicio, comer bien y tomar suplementos nutricionales, solo logrará resultados nominales. Peor aún, esos resultados pueden no durar si se permite volver a los viejos hábitos que le robaron su salud física y su bienestar en primer lugar. Por lo tanto, para asegurar los mejores y más duraderos resultados, debe permanecer consistente en sus esfuerzos. Debe comer sano y tomar suplementos todos los días. Cuando se trata de hacer deporte, debe ejercitar cinco días a la semana, dando a su cuerpo dos días completos para descansar y recuperarse. Puede elegir no hacer ejercicio cuando se vaya de vacaciones si no se presenta la oportunidad; sin embargo, debe volver a su régimen tan pronto como llegue a casa.

### Mejorar sus Hombros y Brazos

Una vez que su apariencia física general haya alcanzado un estado ideal, puede empezar a trabajar en los aspectos más detallados de la apariencia de un Macho Alfa. Una de las principales áreas de enfoque debe ser en sus hombros y brazos. Después de todo, cuanto más anchos sean sus hombros, más respeto impondrá el solo hecho de entrar en una habitación. Esta es una razón por la que los hombres en uniforme a menudo parecen más grandes que en la realidad. Mientras que el uniforme en sí mismo añade mucho a su apariencia, son sus anchos hombros lo que realmente atrae la atención. Además, tener brazos fuertes y sanos será de gran ayuda para causar impacto dondequiera que esté, especialmente cuando use una camiseta o mangas cortas mostrando su avanzado tono muscular.

Afortunadamente, varios ejercicios fáciles le ayudarán a desarrollar hombros y brazos de Macho Alfa en poco tiempo. Una vez más, sus resultados solo serán iguales a sus esfuerzos; por lo tanto, debe dedicar tiempo cada semana a trabajar en sus brazos y hombros realizando los ejercicios adecuados. La prensa trasnuca es un excelente ejercicio para desarrollar hombros anchos. Es importante realizar los ejercicios correctamente, utilizando los brazos y los hombros para levantar la barra y no las piernas. Estas deben estar rectas en todo momento, de modo que el esfuerzo se centre en los hombros. Cinco series de cinco repeticiones cada una es todo lo que necesita hacer para empezar a desarrollar los hombros de sus sueños.

Los remos al cuello son otro buen ejercicio para desarrollar hombros anchos y fuertes. Este es similar a la prensa trasnuca, pero en lugar de empujar la barra por encima de la cabeza desde la altura del hombro, la sube hasta la barbilla desde la cintura. Puede elegir usar una sola mancuerna en cada mano para ambos ejercicios si necesita tiempo para ganar en fuerza. Además, el uso de mancuernas es más seguro si tiene que ejercitar solo; cada vez que use mancuernas, especialmente con cargas altas, se recomienda que ejercite con al menos un compañero que lo pueda observar y le ayude a evitar lesiones.

Las elevaciones laterales y el paseo del granjero son otros dos ejercicios recomendados para desarrollar hombros fuertes. En el caso de las elevaciones laterales, levantará mancuernas desde la cintura hasta la altura de los hombros, manteniendo los brazos rectos. Como su nombre lo indica, estas elevaciones se hacen con los brazos apuntando a los lados. El paseo del granjero es cuando lleva mancuernas a la altura de la cintura, manteniendo los brazos rectos mientras camina de forma natural. Esto pone el foco del esfuerzo en sus hombros.

Los ejercicios para desarrollar el tono muscular en los brazos son bastante comunes y conocidos. Cualquier ejercicio de prensa de banco ayudará a aumentar el tono muscular en los brazos, así como cualquier ejercicio de curl de bíceps. Cuatro de los mejores ejercicios para empezar son la prensa de banco de agarre estrecho, el curl de bíceps con barra, los ejercicios de tríceps y los curls de tipo martillo. Estos ejercicios no solo le ayudarán a desarrollar sus bíceps, sino que también asegurarán de que todos los músculos de los brazos, los hombros y la parte superior del pecho estén bien formados. Una vez más, ya que estos ejercicios requieren el uso de una barra con pesas, siempre haga ejercicio con alguien que pueda ayudarle si algo sale mal.

### Mejorar su Cintura y sus Piernas

La última área en la que quiere concentrarse es la parte superior de su cuerpo; no quiere desarrollarla primero, dejando que su cintura y sus piernas parezcan frágiles y débiles. Por lo tanto, debe implementar ejercicios para su cintura y piernas antes de trabajar en la parte superior del cuerpo, dando así a su apariencia una simetría natural que se sumará a su atractivo visual.

Cuando se trata de moldear la cintura, lo más importante es centrarse en la dieta. Esto se debe a que el contorno de su cintura es el primer lugar donde se deposita la grasa. Solo cuando coma bien tendrá alguna posibilidad de desarrollar una cintura que sea atractiva para los demás, y que le dé la confianza de un Macho Alfa.

Varios ejercicios pueden ayudarle a reducir el contorno de su cintura y a mantenerla con un aspecto delgado durante los próximos años. Los ejercicios de ruedas abdominales son una de esas alternativas. Una rueda de abdominales es un equipo de ejercicio disponible en cualquier gimnasio. Para realizar el ejercicio, hay que arrodillarse, manteniendo la espalda recta o ligeramente arqueada mientras se extiende lentamente la parte superior del cuerpo hacia delante utilizando la rueda. El levantamiento de piernas en la barra es otro excelente ejercicio para disminuir el contorno de su cintura. Simplemente cuelgue de una barra, como lo haría si estuviera a punto de hacer "chin-ups", pero en lugar de levantar con los brazos, lleve las rodillas hacia el pecho. Aunque esto suena simple, ejercitará los músculos del pecho, de los brazos y de los hombros de una manera muy intensa.

Por último, está el ejercicio conocido como la elevación con balanceo de piernas en el suelo. Aquí es donde se acuesta de espaldas y levanta las piernas rectas en el aire, manteniéndolas juntas y las rodillas rectas. Luego pasa las piernas de un lado a otro mientras mantiene la parte superior del cuerpo en su lugar. El movimiento se parece un poco a los limpiaparabrisas yendo y viniendo.

El cuerpo de cada persona es único en muchos sentidos. Uno de ellos es que tendrá ciertos grupos de músculos que son naturalmente más fuertes y mejor definidos que otros. Por ejemplo, puede que ya tenga hombros anchos, o piernas gruesas y musculosas. O, podría tener brazos fuertes o un abdomen plano. Lo importante es invertir su tiempo y energía sabiamente. Por lo tanto, pase menos tiempo desarrollando las áreas de su cuerpo que ya están en una forma decente. En su lugar, centre la mayor parte de su tiempo y esfuerzo en desarrollar sus áreas más débiles. Esto ayudará a darle un aspecto más simétrico. Puede elegir dedicar un día a todos los ejercicios que se centran en sus puntos fuertes, mientras que toma días individuales para cada una de las otras áreas que necesitan más trabajo.

# Capítulo 12: Hábito de Macho Alfa # 5: Fortaleza Mental

Mientras que la apariencia física puede ser muy importante para dar esa primera impresión, se necesita algo más que músculos para mantener a la gente impresionada por mucho tiempo, especialmente a las mujeres. Por eso los Machos Alfa poseen de forma abundante lo que comúnmente se conoce como fortaleza mental. Así como un cuerpo fuerte puede alejar muchos obstáculos físicos y soportar ataques, una mente fuerte es capaz de superar obstáculos mentales y emocionales, así como todo tipo de ataques negativos, tanto desde fuera como desde adentro. La fortaleza mental se refiere al hecho de tener la mente más fuerte posible, el tipo de mente que puede elevarse por encima de cualquier situación y prevalecer contra todas las probabilidades. Para desarrollar esta fortaleza mental, tiene que desarrollar el hábito de mantenerse fuerte en sus creencias y objetivos. Este capítulo analizará algunas de las formas clave de lograr este objetivo, así como las numerosas ventajas que la fortaleza mental le proporcionará en todas las áreas de su vida.

### Redefinición del Fracaso

El fracaso es algo que cada persona experimenta numerosas veces a lo largo de su vida. Desafortunadamente, también se trata de una de las situaciones más incomprendidas a las que se enfrenta la gente. La mayoría ve el fracaso como el final del camino, donde los sueños y las ambiciones se derrumban en un ardiente desastre. Ven el fracaso como una experiencia dolorosa que debe ser evitada a toda costa. El resultado es que la mayoría de las personas nunca deja su zona de confort. Esto significa que eligen una vida de mediocridad en lugar de una existencia, en la que convierten sus sueños en realidad.

Por el contrario, los Machos Alfa no solo no tienen miedo de salir de su zona de confort, sino que suelen pasar la mayor parte de su existencia allí. Esto se debe a que, en lugar de temer al fracaso, los Alfas lo aceptan. Esto puede parecer difícil de entender al principio, especialmente debido al papel que juega el éxito en la vida de un Macho Alfa. Sin embargo, es la forma en que un Alfa acepta el fracaso lo que marca la diferencia. En la mente de un Macho Alfa, el fracaso no es una experiencia dolorosa, así como tampoco corresponde al final de un sueño. Es una experiencia de aprendizaje, en la que el Macho Alfa puede crecer en fuerza y sabiduría y, en consecuencia, volverse mejor. Redefinen el fracaso, convirtiéndolo en algo positivo en lugar de negativo.

Para desarrollar la característica de fortaleza mental que posee un Macho Alfa, debe redefinir el fracaso. La primera forma de hacerlo es dejar de ver el fracaso como el final del viaje. Imagínese estar conduciendo a un lugar en el que nunca ha estado antes. Si da un giro equivocado y comienza a perderse, no se dé por vencido y vuelva a casa. En vez de eso, de la vuelta, vuelva al lugar donde tomó el giro equivocado y elija una dirección diferente. Así es precisamente como se puede ver el fracaso. Se asemeja a un giro equivocado. En lugar de renunciar a un sueño simplemente porque el camino que eligió no funcionó, vuelva simplemente al punto de partida y elija un camino diferente. No se trata de la ruta que toma para alcanzar a su destino; se trata de llegar al destino. Nunca, nunca deje que el fracaso le haga renunciar. Ese es uno de los hábitos más importantes a desarrollar cuando se trata de fuerza mental.

Otra forma de redefinir el fracaso es verlo como una experiencia de aprendizaje. Cada vez que falle en alcanzar un objetivo, en lugar de tomarlo personalmente, véalo como una oportunidad de aprender y mejorar. Una vez más, le tomó a Thomas Edison mil intentos antes de crear con éxito la bombilla eléctrica. Cada vez, en lugar de frustrarse o avergonzarse, enfrentó la situación con curiosidad. Se tomó el tiempo para aprender lo que cada fracaso tenía que enseñarle. No bastaba con saber que un determinado prototipo no había funcionado; quería saber por qué. Esto es lo que finalmente lo llevó a crear el modelo que le trajo el éxito.

Puede hacer lo mismo en su vida. Cada vez que falle, de un paso atrás y reproduzca el vídeo en su mente. ¿Por qué falló? ¿Qué hizo mal? Una vez que lo haya descubierto, puede intentarlo de nuevo, asegurándose de no cometer los mismos errores. Si lo rechazan cuando invita una mujer a una cita, pregúntese en qué se equivocó. No tardará mucho en darse cuenta de cuándo perdió el control de la situación o cuándo ella perdió el interés. Averigüe las palabras o las acciones que fallaron y elimínelas de su próximo intento. Lo mismo puede aplicarse a las entrevistas de trabajo que no fueron exitosas, a los discursos públicos que no logran el objetivo deseado o a cualquier otra situación en la que se produzca un fracaso. En lugar de rendirse o perder la confianza, aproveche la oportunidad de crecer con cada fracaso que encuentre. Con el tiempo, casi se sentirá feliz cuando fracase porque lo verá como una oportunidad de crecimiento personal.

### Establecimiento de una Disciplina

Otro elemento de la fortaleza mental es la disciplina. Imagine una persona que tiene un gimnasio entero a su disposición, con todo el equipamiento, e incluso un equipo de entrenadores personales a su disposición las 24 horas del día, siete días a la semana. Todos esos recursos no sirven de nada si el individuo no se esfuerza por hacer ejercicio regularmente. El elemento necesario para convertir los recursos en resultados es la disciplina.

Una forma de disciplina que desarrolla la fuerza mental es mantenerse enfocado en la tarea que se está realizando. Con demasiada frecuencia, las personas se distraen con un sinnúmero de cosas, como su teléfono celular, las redes sociales, o incluso su propia imaginación. Dejan que sus mentes divaguen, haciendo que su productividad disminuya y la calidad de sus resultados se vea afectada. En contraste, un Macho Alfa ejerce una gran disciplina mental, manteniéndose singularmente enfocado en cualquier tarea que esté realizando, sin importar cuán grande o pequeña, sin importar cuán importante o insignificante sea. Esa es una de las cosas que distingue al Macho Alfa de todos los demás. Pondrá el cien por ciento de su atención y esfuerzo en cada cosa que haga. Esto asegura que tenga una mayor productividad y produzca los mejores resultados en cada situación. Elimine todas las distracciones cada vez que aborda una tarea, e invierta todo su esfuerzo en cualquier cosa que haga.

Otro tipo de disciplina que poseen los Machos Alfa es la disciplina emocional. Esto es lo que un Alfa usa para evitar reaccionar a algo con una sobrecarga de emociones. Puede ser muy fácil enojarse con alguien que dice algo equivocado, especialmente cuando está estresado porque las cosas no van según lo planeado. Lo que diferencia a los Machos Alfa es que, en lugar de dejarse dominar por sus emociones, siempre mantienen sus emociones bajo control. Una forma es dejar de permitir que las cosas lo afecten personalmente. No deje que lo que dicen o hacen otras personas cambie su estado de ánimo; no permita que otros afecten su bienestar emocional. Deje que digan o hagan lo que quieran. El truco es mantenerse enfocado en sus opiniones, su visión, y lo más importante, sus creencias. Solo porque no estén de acuerdo con usted no significa que no tenga razón. Además, no es su trabajo hacer que vean las cosas a su manera. Viva su vida de acuerdo con *su* visión y *sus* reglas, y deje que el resto del mundo haga *lo suyo*.

Por último, está el aspecto de la disciplina que se refiere a la forma de administrar su tiempo. En un mundo lleno de todo tipo de distracciones y responsabilidades, puede ser demasiado fácil dejarse llevar por el impulso de la vida. Cuando esto sucede, hace que una persona pierda su sentido de dirección y perspectiva. A veces no están seguros de adónde van, y nunca parecen tener suficiente tiempo para llegar allí. Los Machos Alfa siempre parecerán estar a cargo de su vida, en lugar de ser una víctima desafortunada de ella. Esto se debe a que establecen una agenda que les impide ser arrastrados por el rápido ritmo de la vida moderna. Cuando crea una rutina diaria, incluyendo cuando se va a la cama, cuando se despierta y cuando realiza sus funciones a lo largo del día, crea una sensación de orden que elimina el estrés y el caos que afecta a innumerables personas cada día. Esta disciplinada gestión del tiempo le permite pasar tiempo de calidad haciendo las cosas que más importan, como pasar tiempo con sus seres queridos y su familia, centrarse en su desarrollo personal y perseguir sus sueños y ambiciones. No se trata de encontrar el momento adecuado para hacer las cosas; se trata de usar su tiempo de la manera correcta para hacerlo todo.

### El Mantenerse Positivo

El último hábito que debe tener cuando se trata de desarrollar fortaleza mental es el de mantener una actitud positiva. Incluso los Machos Alfa más fuertes, inteligentes y capaces tendrán días malos. Las cosas no siempre van de acuerdo con el plan, las personas pueden ser negativas y tóxicas, y pueden surgir situaciones que pongan a prueba incluso la más fuerte de las resoluciones. Estas cosas son inevitables; sin embargo, esto no significa que esos momentos malos tenga que cambiar quién es. Esta es una de las lecciones más importantes en la vida de un Macho Alfa: nunca deje que los eventos lo definan, sea siempre el autor de quién es.

Una forma de controlar siempre su identidad es mantenerse positivo sin importar lo que pase. Una buena manera de hacerlo es recordar que no importa cuán malos estén los tiempos, estos son temporales. Es un poco como el clima. Incluso la tormenta más feroz terminará eventualmente, dando paso a días soleados y pacíficos otra vez. Los Machos Alfa lo saben, y así es como consiguen mantenerse tranquilos y positivos sin importar que tan negativas se vuelvan las cosas. Saben que no se puede tener control sobre los tiempos malos, así como tampoco se puede controlar el clima, así que no pierden energía tratando de hacerlo. También saben que oscurece antes del amanecer, así que incluso los peores tiempos darán paso a tiempos mejores otra vez.

Otra razón por la cual los Machos Alfa se mantienen positivos es que no temen los peores momentos. Claro, los malos tiempos pueden tener efectos devastadores en la vida de cualquiera. Sin embargo, los Machos Alfa saben que pueden reconstruir sus vidas sin importar cuánta devastación enfrenten. Además, aprovechan esas oportunidades para reconstruir sus vidas aún mejor que antes. Es un poco como si una casa fuera destruida por un tornado. En lugar de ponerse sentimental y amargado por ello, un Macho Alfa lo verá como una oportunidad para construir una casa aún mejor. Esto es similar a redefinir el fracaso. Cuando ve incluso los eventos más oscuros y trágicos como una oportunidad de autosuperación, mantendrá una mentalidad positiva mientras mira al futuro y ve cuánto mejor serán las cosas como resultado de esos tiempos oscuros. Por lo tanto, en lugar de centrarse en el aspecto negativo de un acontecimiento, aprenda a enfocarse en los resultados positivos a los que pueden conducir dichos eventos. Esto mantendrá su estado de ánimo positivo y optimista sin importar la situación en la que se encuentre, permitiéndole así ver las cosas con claridad y mantener el control sobre sus acciones mientras otros tambalean a su alrededor.

# Capítulo 13: Hábito de Macho Alfa # 6: Carisma

Un rasgo común a menudo asociado con ser un Macho Alfa es la arrogancia. Esta asociación está completamente equivocada, y muestra a los Macho Alfa bajo una luz negativa. Alardear arrogantemente de sus habilidades y logros (usualmente menospreciando a los demás en el proceso) demuestra inseguridad y celos, rasgos que no son coherentes con la mentalidad del Macho Alfa. Los verdaderos Machos Alfa demuestran otro rasgo cuando interactúan con otros, uno que revela su inigualable fuerza de carácter. Se trata del carisma. Ya sea en apariencia, en su forma de ser o en su forma de hablar, los Machos Alfa exudan carisma de todas las maneras imaginables. Por lo tanto, para continuar con su desarrollo de Macho Alfa, debe dominar el arte del carisma. Este hábito asegurará que los demás lo vean como un Macho Alfa confiado y capaz, parado por encima de los demás.

### Añadiendo Carisma a Su Apariencia

Como ya se ha mencionado en este libro, su apariencia es casi siempre el primer elemento de su personalidad que los demás descubren. Por lo tanto, si permite que su apariencia sea descuidada y poco impresionante, se pone en una posición negativa al interactuar con los demás. Como su primera impresión de usted será desfavorable, tendrá que confiar en sus otras cualidades para extirparse del agujero en el que se ha metido. Por eso es vital asegurarse de que su apariencia haga que sus interacciones comiencen correctamente, teniendo una apariencia que le haga ser respetado y admirado, incluso antes de que haya abierto la boca.

Afortunadamente, se necesita poco esfuerzo para infundir carisma a su apariencia. Lo primero que quiere hacer es deshacerse de cualquier ropa sucia, gastada, demasiado grande, o simplemente de apariencia descuidada. Vestirse de forma casual no significa que debe verse como un vagabundo. En lugar de optar por zapatillas desgastadas, invierta en unos zapatos cómodos y bien hechos que combinen estética, comodidad y funcionalidad. Siempre debe verse tranquilo dondequiera que esté, haga lo que haga; los zapatos adecuados le ayudarán a conseguir ese aspecto, mientras indicarán a los demás que tiene buen ojo para el estilo y la moda.

Lo mismo ocurre con el resto de su ropa. No se conforme con una camiseta floja que promociona la tienda en la que fue comprada. Eso no lo diferenciará de la multitud de ninguna manera. En cambio, invierta en camisas que se destaquen, ya sea por el color, el corte o el estilo general. Siempre escoja algo elegante y único. La ropa no tiene que limitarse a ocultar su cuerpo, sino que debe ser una forma de expresarse. Trátela como un medio para su estilo artístico. Escoja camisas que favorezcan su figura y tono de piel, y que muestren sus brazos mientras empieza a desarrollar su físico de Macho Alfa.

Los pantalones deben ser vistos de la misma manera. En lugar de usar jeans holgados que son tan comunes como un corte de pelo de diez dólares, opte por pantalones que proporcionen un poco más de estilo. No tiene que llevar traje y corbata todo el tiempo, pero un buen par de pantalones a la moda puede marcar la diferencia cuando se trata de hacerse notar por todas las razones correctas. Quiere que sus pantalones acentúen la forma de su cuerpo, así que elija los colores y estilos necesarios para que se vea estupendo. Esto significa que debe tomarse el tiempo para probar diferentes opciones para asegurarse de que saque el máximo provecho de su dinero. No espere que el par de pantalones del modelo delgado del afiche funcione necesariamente. En cambio, siempre reconozca la forma de su cuerpo y trabaje con él en consecuencia. No importa el tamaño y la forma actual de su cuerpo, algunas prendas pueden darle la apariencia de Macho Alfa que hará que la gente se fije en usted dondequiera que vaya.

### Añadiendo Carisma a Su Forma de Ser

Además de afectar a su aspecto, el carisma puede marcar la diferencia cuando se trata de la forma de ser. Esto es cierto en todas las áreas, incluyendo cuando se trata de acercarse a una mujer, un jefe potencial, un cliente potencial, o cualquier otra persona. Ser un Macho Alfa afecta todos los aspectos de su vida. No es como si lo encendiera cuando es importante y lo apagara cuando no lo es. Uno de los secretos que permiten a los Machos Alfa tener tanto éxito es que mantienen la misma forma de ser las 24 horas del día, siete días a la semana. Por lo tanto, su actitud debe estar llena de carisma y aplomo, sin importar si está tratando de atraer a una mujer o de pagarle a quién corta su césped.

Antes de formar cualquier nuevo hábito en esta área, lo primero que necesita hacer es asegurarse de que no tiene ningún mal hábito. Estar demasiado necesitado es un mal hábito que debe ser eliminado de inmediato. Nunca parezca desesperado cuando se trata de alcanzar su objetivo, no importa cuán importante sea ese objetivo. La necesidad y la desesperación son signos de debilidad. En lugar de eso, tenga paciencia. Enfrente siempre a una persona o situación con confianza y tranquilidad, el tipo de actitud que dice que, aunque no esté seguro del éxito, no se sentirá intimidado si las cosas no salen como espera.

La forma en que camina también demuestra esta actitud. Nunca parezca estar precipitándose como un loco, corriendo de una obligación a otra. En su lugar, desarrolle una forma de caminar que sea a la vez intencionada y relajada. Pasos largos y naturales le darán un aire de autoridad, mientras que un paso lento, pero constante, le dará un aire de confianza relajada. Ni apurado ni perezoso, este paso lo diferenciará del resto de los que usualmente corren como pollos sin cabeza.

La forma en que se comporta es igualmente importante cuando se trata de dominar el arte del carisma. Nadie se toma en serio la imagen de "macho", así que caminar como un adicto a los esteroides en el gimnasio no conseguirá la atención que desea. En su lugar, debe mantener una postura recta mientras mantiene su cuerpo bastante relajado. Sus brazos deben colgar de forma suelta a los lados cuando está de pie y deben balancearse libremente, pero no excesivamente, cuando camina. Una buena regla general es sentirse siempre equilibrado. Cuando camine, debe sentir que puede detenerse repentinamente sin caerse hacia adelante o hacia atrás. Por otra parte, cuando esté de pie, debe sentirse relajado, pero firme, como si alguien pudiera empujarlo de forma inesperada sin derribarlo. Mantener los pies separados es una buena manera de lograr este equilibrio. Mantenga también siempre sus hombros cuadrados y su barbilla en alto, ya que esto le dará un aire autoritario adicional.

### Añadiendo Carisma a Su Forma de Hablar

La última área en la que necesita dominar el arte del carisma está en su forma de hablar. Así como el ritmo con el que camina dice todo sobre usted, también el ritmo con el que habla le dirá a los demás quién realmente es. Como dice sus palabras puede ser tan importante como las palabras en sí. Hablar demasiado rápido demuestra ansiedad; hablar demasiado lento puede sugerir que está desinteresado, o peor, un poco estúpido. Para demostrar confianza, inteligencia y, en última instancia, carisma, es necesario aprender a hablar en un ritmo tranquilo, pero decidido, en el que sus palabras se enuncien y sean deliberadas. Su discurso debería sentirse tan equilibrado como su paso al caminar.

Lo que dice puede o no causar impresión en los ojos, o en los oídos, de los demás. Muchos hombres caen en la trampa de tratar de usar palabras sofisticadas para impresionar a los demás. Terminan usando las palabras incorrectamente o peor aún, usan palabras complicadas y elegantes correctamente, solo confundiendo aquellos con quienes hablan. Por lo tanto, enfóquese en el contenido en lugar de las palabras en sí. Solo use palabras que entienda completamente y con las que se sienta cómodo. Lo importante es expresarse de forma clara y completa. Cualquier otra cosa es un desperdicio y da la impresión de que estuviera tratando de impresionar a alguien.

Otro elemento del carisma en el lenguaje es el hecho de ofrecer cumplidos. Ya sea que le diga a una mujer que es hermosa o que le diga al chico del césped que hizo un gran trabajo, hacer un cumplido sincero a alguien siempre será visto como algo encantador. Adicionalmente, la clave detrás de un cumplido es la sinceridad. En lugar de decir algo superficial y mundano como "Te ves hermosa hoy", querrá enfocarse en una cualidad en particular, como "Ese color realmente resalta el color de tus ojos" o "Esos zapatos realmente se ven adorables en ti". Cuando se toma el tiempo de añadir detalles a su cumplido, le indica a la otra persona que es sincero en sus palabras, y eso hace toda la diferencia entre un cumplido y una frase o un intento superficial de congraciamiento.

Tal vez el aspecto más importante del carisma cuando se trata de hablar es saber cuándo no se debe hablar. Cualquiera que intente dominar la conversación será visto como prepotente o intimidante, cualidades que no atraen reacciones positivas. Por el contrario, cuando un hombre se sienta en silencio, con la mirada fija en la persona que habla, le da un aire de respeto, interés y verdadera conexión. A veces la mejor manera de entrar en el corazón de una mujer no son las palabras que dice, o incluso cómo las dice, sino la capacidad de permanecer en silencio mientras escucha atentamente lo que ella tiene que decir. Un buen contacto visual, asentimientos de cabeza relajados y una sonrisa genuina o fruncir el ceño en el momento apropiado, le harán ver que la está escuchando sinceramente, sin preguntarse quién ganará el juego esta noche o si tiene una hermana más bonita. Así es como puede permanecer activo en una conversación sin tener que decir una sola palabra.

# Capítulo 14: Hábito de Macho Alfa # 7: Propósito

Otro hábito vital practicado por todos los Machos Alfa es el de vivir de acuerdo con sus valores fundamentales y mantenerse fiel a su propósito. Todo el carisma, la confianza y la habilidad del mundo no valen mucho si no tiene un buen motivo para usarlos. Aquí es donde el propósito entra en juego. En esencia, el propósito es la dirección en la que viaja cuando vive su vida. Sin propósito, simplemente va a la deriva, dejando que la corriente lo lleve a donde quiera. Sin embargo, tener un propósito es como tener una brújula que puede usar para asegurar que sus acciones y circunstancias lo lleven a donde quiere llegar. Su propósito también puede encarnar sus valores fundamentales. Al tomarse el tiempo para descubrir y desarrollar sus valores personales, se asegura de que sus acciones y esfuerzos siempre sean consistentes, proporcionando estabilidad y fiabilidad en su vida. No solo le ayudará a alcanzar sus objetivos, sino que también lo destacará en los ojos de los demás. Cuanto más confiable y constante sea, más confianza y respeto tendrán los demás.

## Descubriendo Sus Valores Fundamentales

El primer paso para desarrollar un propósito en su vida es tomar el tiempo para descubrir sus valores fundamentales. La mayoría de la gente está tan obsesionada con el éxito o con impresionar a los demás, que harán todo lo necesario para alcanzar esos objetivos. Esto los deja sintiéndose vacíos e inseguros cuando se trata de sus propias creencias y deseos. Por el contrario, un Macho Alfa tiene un conjunto claro de valores fundamentales que le dicen quién es, lo que quiere y lo que está dispuesto a hacer para alcanzar sus objetivos. Este sistema de valores no solo prepara al Macho Alfa para el éxito, sino que también le da fuerza, esperanza y coraje en tiempos de fracaso y angustia.

Descubrir sus valores fundamentales requiere un cierto examen de conciencia. Por lo tanto, tome tanto tiempo y esfuerzo como sea necesario para realizar concienzudamente esta tarea. Un elemento importante de esta tarea es escribirlo todo. En lugar de agarrar el trozo de papel más cercano o una servilleta parcialmente usada, dele a esto el respeto que merece y compre un diario apropiado. Dedique este diario a su desarrollo personal como Macho Alfa y como persona en general. Aunque algunos puedan ver el hecho de mantener un diario como afeminado o nerd, la verdad del asunto es que las personas más fuertes y exitosas mantienen diarios de forma casi religiosa.

Una vez que tenga su diario y su bolígrafo, reserve un tiempo para sentarse y contemplar. Asegúrese de que no lo molesten y deshágase de todas las distracciones, incluyendo el teléfono, la televisión e incluso la radio. A continuación, escriba la pregunta, "¿Qué me apasiona?". Si esas palabras no hacen que su mente pase a la acción, puede crear una pregunta diferente, como "¿Qué me hace verdaderamente feliz?" o "¿Qué es lo que más quiero en la vida?" o "Si tuviera diez millones de dólares, ¿qué haría?". En resumen, está tratando de encontrar las cosas que tienen sentido para usted, que le traigan una verdadera felicidad, y que hacen que su vida valga la pena. Cuando haya encontrado la pregunta que funciona para usted, tome el tiempo de escuchar lo que le venga a la mente. Escriba todo, no importa lo ridículo que pueda parecer. Esto no es un examen, ni es algo que nadie más tenga que ver. Por lo tanto, sea honesto y no se contenga. Escriba todo lo que le venga a la mente.

A continuación, reduzca su lista a unos cinco elementos. Lo más probable es que más de cinco sean el resultado de influencias externas, un interés pasajero o intereses redundantes. En total, solo debería tener hasta cinco o seis cosas que realmente lo inspiren, cosas que perseguiría si el dinero no fuera un problema. Si tiene problemas para reducir su lista, entonces trate de priorizarla en orden de importancia. Si todavía no puede reducir su lista a cinco, simplemente divida la lista por la mitad, tomando los cinco primeros valores en los que concentrarse ahora y los otros como valores a tratar más adelante.

Los valores que enumere no deberían ser objetivos como tales, sino que deberían ser los valores que subyacen a sus objetivos. Por lo tanto, casarse con una persona en particular o encontrar un trabajo específico no son valores. Tener una vida familiar feliz o una carrera satisfactoria, sin embargo, sí lo son. A continuación, se encuentra una breve lista de valores que le ayudarán a comenzar:

- ✔ Disciplina
- ✔ Libertad
- ✔ Felicidad
- ✔ Espiritualidad
- ✔ Diversión
- ✔ Salud física y bienestar
- ✔ Conocimiento
- ✔ Poder
- ✔ Estabilidad financiera
- ✔ Éxito

- ✔ Familia
- ✔ Autoexpresión
- ✔ Integridad

**Definiéndose a Sí Mismo por Sus Valores**

Una vez que haya enumerado sus valores, el siguiente paso es separar su lista en dos categorías. Una categoría será aquellos valores como la integridad, la disciplina, el conocimiento y similares que lo definen como persona. La otra categoría contendrá los valores como la estabilidad financiera, la salud física y el bienestar, la libertad y similares que definen la vida que quiere vivir. Cuando haya dividido su lista, estará listo para empezar a definirse en base a sus valores.

A continuación, escriba sus valores personales en una nueva página. Ahora, trate de imaginar un modelo a seguir que personifique esas cualidades. Puede haber alguien en su vida personal que las posea en abundancia, o puede elegir un personaje proveniente de la literatura, del cine o de los textos religiosos. De nuevo, ya que esto no es una prueba, no hay una respuesta equivocada. En cambio, se trata de que encuentre su ideal. No importa quién personifica esa idea. Todo lo que importa es que vea de forma clara ese ideal en su mente para que pueda medir sus palabras y acciones en consecuencia. Si su ideal es Superman, entonces tendrá a Superman en su mente. Cada vez que se encuentre en una situación difícil, pregúntese simplemente: "¿Qué haría Superman?". Esto traerá sus valores a la mente, asegurando que sus acciones sean consistentes con la integridad, la disciplina y el conocimiento.

No se trata de convertirse en Superman, sino en su yo ideal. Eventualmente, no necesitará un icono para encarnar sus valores. Al contrario, los encarnará tan profundamente que solo tendrá que preguntarse qué haría usted mismo, y esos valores estarán ahí. Alternativamente, puede que ni siquiera tenga que hacer la pregunta. Sus valores estarán tan arraigados en su carácter que solo tendrá que actuar de forma natural para hacer lo correcto. La mejor parte es que a medida que se convierta en su yo ideal, los demás lo buscarán para inspirarse, usando su ejemplo para convertirse en la mejor versión de ellos mismos.

Sin embargo, esto no se trata de impresionar a los demás o convertirse en el héroe. En su lugar, se trata de establecer sus valores para su propia paz mental. Tanto estrés y ansiedad giran en torno a la culpa y la incertidumbre, sentimientos que aparecen cuando los valores son ignorados o simplemente desconocidos. Cuando se toma el tiempo para descubrir y poner en práctica sus valores, crea una vida que es honesta y verdadera, una que proporciona paz mental y una conciencia clara. Esto está en el corazón mismo de lo que es un Macho Alfa. Cuando vive de acuerdo con sus valores, tiene la fuerza de carácter que lo mantiene a salvo y que lo hace sobresalir con respecto a aquellos que se tambalean sin rumbo mientras luchan para encontrar su camino.

**Estableciendo Su Propósito**

La otra mitad de su lista estará constituida por los valores que mejor definen su vida, como por ejemplo la estabilidad financiera, la salud física y el bienestar, y la libertad. Aunque estos valores afectan a quién es como persona, tienden a describir su estilo de vida más que sus creencias fundamentales. La salud física y el bienestar requieren que haga ejercicio y se alimente bien, cosas que forman parte de su estilo de vida, a diferencia de la integridad, que se deriva de un estado mental. Estos son los valores que establecen su propósito. Escriba estos valores en su diario en una página separada y visualice el estilo de vida que los personifica. Puede usar el estilo de vida de alguien que conoce, una persona famosa, o algo que es de su propia creación. Todo lo que importa es que cree una imagen de la realidad que desea alcanzar. Esto le dará un destino a perseguir, y este destino se convertirá en su propósito.

Cuando su vida tiene un propósito, tiene una dirección. Esto le ayudará a tomar mejores y más fáciles decisiones a lo largo de la vida. Por ejemplo, decidir qué empleo perseguir se vuelve mucho más fácil cuando tiene un sentido de dirección. Si un trabajo lo lleva más cerca de la estabilidad financiera y la libertad, entonces es una buena opción para usted. Por otra parte, si no proporciona esos elementos, entonces es una mala alternativa, ya que lo aleja de la vida que quiere crear.

Este sentido de propósito le ayuda a estar en constante control de su vida. Al saber cuáles son sus sueños, y por lo tanto lo que se necesita para hacerlos realidad, sabrá inmediatamente si algo es bueno o malo, simplemente por su propia naturaleza. Además, sus valores personales le ayudarán a mantenerse fiel a sus principios mientras traza un camino que lo lleve a su destino final, la vida de sus sueños. Cada elección y decisión que tome estará guiada por un propósito, y esto le dará la confianza y la certeza de la que la mayoría de la gente carece, convirtiéndolo en el verdadero Macho Alfa del grupo.

# Capítulo 15: Hábito de Macho Alfa # 8: Cuidado Personal

Numerosos estudios han demostrado un vínculo directo y significativo entre el cuidado de sí mismo y la autoestima. Cuando una persona dedica tiempo y esfuerzo a su apariencia y bienestar general todos los días, su autoestima es fuerte y saludable. Cuando las personas ignoran su apariencia y pasan poco o nada de tiempo cuidando sus necesidades personales, su autoestima cae en picado. De hecho, una forma segura de ayudar a una persona a superar la depresión es obligarla a pasar tiempo arreglándose diariamente. Lamentablemente, un estudio realizado en 2017 por AXE reveló que la mayoría de los hombres de 18 a 30 años se sienten presionados por la imagen de "macho" a ignorar el aseo y otras formas de autocuidado, ya que tales cosas se consideran afeminadas. Los estereotipos comunes sugieren que los hombres duros no se preocupan por su imagen, lo que hace que muchos equiparen suciedad con masculinidad. Los Machos Alfa, por el contrario, reconocen la importancia del autocuidado en todas sus formas. Por lo tanto, un hábito necesario a formar cuando se desarrolla el estilo de vida del Hombre Alfa es cuidarse a sí mismo, tanto interna como externamente. En este capítulo se revelarán las formas de lograr este objetivo, ayudándole a crear un régimen diario que cultivará su mentalidad de Macho Alfa.

**Autocuidado Físico**

El primer elemento de autocuidado que hay que establecer es el del autocuidado físico. Esto cubre una amplia gama de responsabilidades, pero todas son igualmente vitales en términos de crear un estilo de vida de Hombre Alfa. Como ya se ha dicho, el primer paso es vigilar lo que come, tanto en lo que se refiere a los tipos de comida como a la cantidad de alimentos. Además, tenga en cuenta que se ha demostrado que comer tarde en la noche aumenta la grasa corporal e incluso afecta negativamente a sus patrones de sueño, dejándolo perezoso y cansado al día siguiente. Asegúrese siempre de comer una comida saludable por lo menos tres horas antes de que planee irse a la cama; esto asegurará que su cuerpo digiera su comida antes de detenerse para obtener el descanso que necesita.

Otro elemento del autocuidado físico que a menudo es pasado por alto es el baño. Es vital ducharse todos los días, no solo para evitar olores desagradables, sino también para mantener el cuerpo sano y libre de gérmenes. Cuanto más tiempo pase entre una ducha y otra, menor será la probabilidad de que su cuerpo pueda combatir enfermedades comunes como el resfrío o la gripe. Además, su piel puede comenzar a sufrir numerosas consecuencias cuando no se baña, como un aumento del acné, poros obstruidos e incluso un rápido envejecimiento debido a la deshidratación. Esto lleva a otro problema importante, a saber, el uso de jabones y lociones hidratantes al bañarse. Evite cualquier cosa que diga ser champú y jabón corporal todo en uno. Tales artículos solo secarán su cuero cabelludo y su piel, dejándolo peor después de la ducha que antes. Use jabones y champús que devuelvan la humedad a la piel y al cabello, ya que estos mejorarán su apariencia física de manera significativa.

Por último, está la práctica de mimar su cuerpo. Reciba masajes regularmente. Vaya a saunas o jacuzzis para relajar sus músculos y calmar su mente. Aunque estas prácticas parecen indulgentes, son, de hecho, esenciales para un cuerpo y una mente saludables. Los masajes pueden hacer maravillas cuando se trata de mantener músculos sanos, el flujo sanguíneo y el flujo de oxígeno en todo el cuerpo. Además, le ayudan a relajarse de manera que el estrés y la ansiedad prácticamente se evaporan de su cuerpo y su mente. Como a los Machos Alfa no les preocupa la percepción pública en cuanto a su masculinidad, recibirán masajes e incluso tomarán baños de burbujas para asegurar un estado de bienestar físico más feliz y saludable.

**Autocuidado Mental**

Así como el cuerpo requiere ejercicio para estar sano y fuerte, la mente requiere su propio tipo de ejercicio para prosperar. Desafortunadamente, esta es otra área que muchos hombres ignoran debido a los estereotipos erróneos que implican que los "hombres varoniles" nunca deben ser vistos con un libro en sus manos o deambulando por las galerías de un museo. Tales "hombres varoniles", aunque físicamente fuertes, seguirán siendo débiles mentalmente. Los Machos Alfa saben que, para impresionar verdaderamente a una mujer, es necesario tener cerebro además de músculo; por lo tanto, dedican tanto tiempo y esfuerzo a ejercitar la mente como el cuerpo.

La lectura es uno de los mejores ejercicios mentales que puede realizar. Leer diez o quince minutos al día es todo lo que se necesita para mejorar la salud mental, y es algo que se puede hacer a cualquier hora del día y en cualquier lugar, siempre y cuando haya suficiente luz y pueda dejar de lado el ruido y las distracciones del entorno. Tal vez la mejor parte de la lectura es que proporciona innumerables conversaciones sobre los géneros que le gustan, los temas que lee y cómo esas cosas afectan a su vida. Esto lo mantendrá interesante mucho después de que los "hombres varoniles" hayan perdido su brillo en los ojos de una mujer.

Aprender cosas nuevas también puede ayudar mucho a crear y mantener la salud mental y el bienestar. No solo se ha comprobado que el aprendizaje mejora la memoria y la capacidad de resolución de problemas, sino que también se ha demostrado que evita enfermedades como Alzheimer y otros trastornos que afectan a las personas a una edad avanzada. Una de las herramientas más efectivas en esta área es el aprendizaje de otro idioma. Pocas cosas son tan atractivas como un hombre que sabe hablar más de un idioma, así que esta es una situación de doble ganancia, por decir lo menos. Además de mejorar su agudeza mental aprendiendo otro idioma, también impresionará a su dama pidiendo la cena en la lengua nativa del restaurante al que la lleve en una noche de cita. No solo su mujer lo admirará por su intelecto, sino que las mujeres a su alrededor también tomarán nota (normalmente en detrimento de su pareja).

Aprender un nuevo idioma requiere solo entre diez y quince minutos al día y se puede hacer en línea sin costo alguno. Las visitas a museos u otros entornos cargados de intelecto pueden realizarse una vez cada dos semanas aproximadamente, lo que le proporciona una dosis más intensiva de ejercicio mental que ayuda a desarrollar la mente de un verdadero Macho Alfa.

### Autocuidado Emocional

El autocuidado emocional es algo que puede marcar la diferencia cuando se trata de su estado mental general. Cuanto más estresado y frustrado esté, menos confianza y seguridad en sí mismo tendrá. Por lo tanto, debe dedicar tiempo todos los días a cuidar de sus necesidades emocionales, de la misma manera que lo hace cuando se trata de cuidar de sus necesidades físicas.

El cuidado emocional efectivo es una moneda con doble cara. Por un lado, lo más importante que puede hacer para mejorar su salud emocional y su bienestar es controlar la información que entra en su mente. En otras palabras, evitar en la medida de lo posible las informaciones que le causen ansiedad o angustia. Un excelente ejemplo de esto es ver las noticias. Desafortunadamente, la mayoría de los hombres asocian el hecho de ver las noticias con mantenerse en contacto con el mundo que los rodea. La verdad es que la mayoría de los canales de noticias se centran en historias sensacionalistas, a menudo embelleciéndolas para aumentar el "factor sorpresa". Esto significa que en lugar de mantenerse al tanto de los asuntos de actualidad, simplemente se someten a noticias estresantes y frustrantes que están diseñadas para provocar una respuesta emocional. La solución es evitar de ver las noticias todos los días, eligiendo en su lugar limitar su propia exposición a una o dos veces por semana. Además, sea selectivo con las fuentes que utiliza para obtener su información. Elija fuentes que se apeguen a los hechos en lugar de opiniones que estén dirigidas a obtener una carga emocional.

La otra cara de la moneda es la de buscar cosas que proporcionen respuestas emocionales positivas. En otras palabras, hacer cosas que lo hagan feliz. Si ver eventos deportivos lo hace feliz, entonces hágalo. De hecho, en lugar de conformarse con ver a su equipo favorito en la televisión, tómese el tiempo y haga el esfuerzo de comprar boletos de temporada para verlos jugar en carne y hueso. Esto llevará la experiencia a un nivel completamente nuevo, uno que le proporcione a usted y a sus seres queridos los mejores resultados posibles. Si los eventos deportivos no son lo suyo, pero ir al cine, los pasatiempos, la jardinería, la pesca o cualquier otra actividad similar es lo que le conviene más, entonces haga eso y hágalo bien. Consiga el mejor equipamiento, regálese todas las ventajas, no ahorre en gastos. Después de todo, cuanto más invierta en su felicidad, más feliz será.

## Autocuidado Espiritual

Por último, está el aspecto del autocuidado espiritual. Esta es otra área donde los estereotipos de hoy en día sirven para socavar las posibilidades de éxito de una persona. Se supone que los "hombres varoniles" son el tipo de personas autosuficientes, los que agarran a la vida por los cuernos, los que conquistan el mundo y que tienen poco tiempo para la autorreflexión y ninguna necesidad de meditación. Sin embargo, cualquier verdadero Macho Alfa atestiguará el hecho de que sus valores y creencias son donde usted encontrará fuerza cuando más la necesite. Esto significa que debe tomarse el tiempo diariamente para desarrollar y nutrir sus valores y creencias.

Una forma de lograr este objetivo es encontrar una práctica que le permita reflexionar sobre las cosas. Las cosas sobre las que reflexiona pueden cambiar de un día para otro, dependiendo de las circunstancias. Podría reflexionar sobre una situación particularmente complicada en el trabajo por el tiempo que sea necesario para resolver el problema. Podría reflexionar sobre cómo obtener a la chica o al trabajo de sus sueños. Puede que haya momentos en los que haga introspección personal, permitiéndole contemplar quién es y hacia dónde va. Esto asegurará que siempre tenga un dominio firme sobre su vida y evite ir a la deriva por la vida como lo hacen innumerables personas todos los días.

La meditación es una práctica fácil y efectiva que puede permitirle reflexionar o despejar su mente por completo si esa es su elección. Numerosas formas de meditación le permiten encontrar la que mejor funciona para usted. Algunas están diseñadas para liberar el estrés y la ansiedad, mientras que otras están más enfocadas en limpiar su mente y separarlo del mundo exterior. Al igual que el ejercicio físico, no tiene que elegir solo una. En su lugar, puede realizar una mezcla y practicar la forma de meditación que mejor se adapte a sus necesidades en un momento determinado. Solo se necesitan de diez a quince minutos al día para meditar, lo que significa que puede incorporar la práctica en su rutina diaria sin ningún problema.

# Capítulo 16: Establecer Objetivos de Macho Alfa

Hasta ahora, este libro ha proporcionado todas las herramientas, conocimientos y direcciones que necesita para empezar a transformar su vida en la de un verdadero Macho Alfa. Sin embargo, el rompecabezas tiene una pieza más que necesita ser puesta en su lugar antes de que el panorama general pueda ser realizado. Esa pieza es el establecimiento de objetivos. La importancia de establecer objetivos simplemente no puede ser exagerada. Mientras que muchos creen que las razones por las que no pueden convertir sus sueños en realidad son la falta de recursos, tiempo o energía, la simple verdad es que la mayoría de las personas no lo logran debido a la falta de objetivos. Las metas convierten los sueños en tareas realizables, acciones que pueden ser tomadas diariamente para alcanzar el destino deseado. En resumen, las metas son lo que convierten los sueños abstractos e intangibles en una realidad cuantificable. Por lo tanto, para cambiar su vida de cualquier manera, debe comenzar por establecer los objetivos necesarios. En este capítulo se discutirá la naturaleza de los objetivos, así como las formas efectivas de establecer metas razonables y alcanzables, dándole así el elemento final necesario para crear el estilo de vida de un Macho Alfa.

### ¿Qué Es Exactamente Un Objetivo?

Mucha gente asocia erróneamente los sueños con las metas. Por lo tanto, si quiere ser rico, podría decir que su meta es ser rico. Desafortunadamente, esto no es del todo exacto. Sería más correcto decir que su sueño es ser rico. La meta es el paso o conjunto de pasos en el plan que lo llevará a ese resultado. Conocer el destino es solo el primer paso; es el paso de conocer su sueño.

El siguiente paso es decidir cómo llegará allí. Probablemente necesite planear su viaje. Puede que tenga que detenerse una o dos veces, dependiendo de cuán lejos que tenga que ir. Cuánto tiempo tomará, qué caminos elegir, y si necesita detenerse en el camino son parte de la planificación del viaje. Este es el acto de establecer objetivos. Cada camino en el que entra es un objetivo, y cada parada es un objetivo; cada elemento del viaje, incluyendo cuando parte, y cuando vuelve, son todos objetivos. Son acciones medibles que lo llevarán a su sueño.

Aquí es donde la mayoría de la gente se equivoca. Al confundir su sueño con una meta, nunca se toman el tiempo de trazar el curso que los llevará a donde quieren estar. Normalmente ni siquiera dan el primer paso, ya que no están seguros de cuál es. Cuando se tiene el camino trazado, se sabe dónde y cuándo avanzar, lo que permite tomar efectivamente las acciones necesarias para alcanzar su sueño.

### Métodos para el Establecimiento Efectivo de Objetivos

Como con cualquier otra cosa en la vida, el simple hecho de establecer metas no siempre es suficiente. En su lugar, necesita establecer las metas correctas de la manera correcta. Esto marcará la diferencia cuando se trate de alcanzar los objetivos que se fije. Afortunadamente, hay una fórmula simple para establecer objetivos efectivos, conocida como el sistema de objetivos SMARTER (en inglés), y funciona así:

- **E**specífico (**S**pecific): Asegúrese siempre de establecer objetivos específicos. En lugar de decir que quiere perder peso, establezca el objetivo de alcanzar un cierto peso, como por ejemplo ochenta kilos. Este es un objetivo específico para cual puede seguir fácilmente su progreso.
- **M**edible (**M**easurable): El siguiente paso es establecer un objetivo medible. En caso de querer alcanzar un cierto objetivo, es necesario determinar cuanta diferencia existe con su peso actual. Por lo tanto, si pesa 90 kilos, entonces su objetivo medible es perder 10 kilos.
- **A**ccionable (**A**ctionable): Aquí es cuándo empieza a planear su curso con respecto al alcance de su objetivo final. Si quiere perder 10 kilos, puede establecer acciones como comer alimentos más saludables o hacer ejercicio con más regularidad. Esto hace que el objetivo pase de ser una ambición a ser una acción alcanzable.
- **R**ealista (**R**ealistic): A veces, la gente comete el error de establecer metas demasiado altas para ser alcanzadas. En el caso de perder 10 kilos, se puede optar por dividir el objetivo en cuatro metas más pequeñas de perder 2,5 kilos por semana. Esto elimina el estrés representado por un escenario de tipo "todo o nada", dándole objetivos más fáciles de alcanzar.
- **Pl**azo (**T**ime-Bound): Esta parte del establecimiento de objetivos tiene dos elementos. El primer elemento es cuando decide empezar. Si quiere perder peso, decida cuándo empezará a actuar. El siguiente elemento es la fecha límite. Es cuando espera alcanzar su objetivo. Por lo tanto, su objetivo es ahora perder dos kilos y medio en una semana, a partir de mañana.
- **E**valuar (**E**valuate): Cuando tenga su objetivo medible y su marco de tiempo, puede empezar a evaluar su progreso. Si solo ha perdido un kilo a la mitad del plazo de siete días, entonces puede considerar la posibilidad de aumentar sus

esfuerzos, tal vez haciendo más ejercicio o comiendo mejor, o ampliar el plazo. Al final, siempre es mejor alterar el objetivo que renunciar por completo.

- **Recompensa (Reward):** La fase final del establecimiento de objetivos es recompensarse por el progreso realizado. Por ejemplo, cada vez que pierda dos kilos y medio, puede elegir recompensarse comprando ese DVD que ha deseado durante un tiempo, o algún otro artículo relativamente barato que actúe como incentivo. Esto no solo lo animará a seguir adelante, sino que también programará su mente para anhelar alcanzar los objetivos que se ha fijado. Cuando alcance el gran objetivo, puede ir a comprar ropa como recompensa, regalándose nuevas prendas que muestren su nuevo estilo.

Establecer objetivos con el método SMARTER aumenta sus posibilidades de alcanzar esos objetivos, y eso cambiará su vida de un par de maneras muy significativas. Primero, su confianza en sí mismo será fortalecida cada vez más con cada objetivo que alcance. Por lo tanto, a medida que alcance más metas, crecerá en confianza, dándole el coraje para perseguir objetivos más y más grandes. La segunda forma en que esto cambiará su vida es que aumentará su éxito en general. Cada objetivo mejorará su vida de alguna manera. Por lo tanto, a medida que alcance más metas, estará ansioso por establecer aún más objetivos, los cuales mejorarán su vida exponencialmente, permitiéndole crear la vida de sus sueños.

### Objetivos Específicos para el Macho Alfa

Ahora que sabe cuál es la importancia de los objetivos y cómo establecerlos, el paso final es establecer objetivos que sean específicos para un Macho Alfa. Los siguientes son algunas metas que le ayudarán a desarrollar el estilo de vida de Hombre Alfa que desea y merece:

- **Mejore su Imagen:** Como hemos dicho, esto toma muchas formas, incluyendo la ropa que usa, su físico, e incluso sus hábitos de aseo. Por lo tanto, debe dividir este objetivo general en objetivos más pequeños y manejables. El primero será mejorar su peinado. Dese treinta días para encontrar un estilista que lo ayude a conseguir el estilo adecuado para usted. Luego, querrá esforzarse para llevar su peso a un nivel ideal. Dese treinta días para alcanzar un peso específico (si es una meta que se puede alcanzar en este plazo). Finalmente, querrá mejorar su vestimenta. Dese otros treinta días para cambiar su estilo de ropa, dándole el aspecto de Macho Alfa que atraerá toda la atención. Haga de este su último paso, ya que querrá estar en su peso correcto y haber escogido su peinado antes de definir qué ropa le queda mejor.
- **Mejore su Imagen de Sí Mismo:** Este es otro objetivo que tendrá muchos aspectos. Un aspecto es el de establecer sus valores. Tómese una semana o dos para contemplar cuidadosamente aquellas cosas que realmente definen quién es usted y la vida que quiere vivir. Una vez que haya elegido sus valores, necesita integrarlos en su vida diaria a través de las decisiones que tome y las acciones que realice. A continuación, aumente su positividad. Empiece a pasar tiempo con personas positivas, alimentándose de su energía, y usándolas como inspiración para perseguir sus sueños. Finalmente, tómese treinta días para trabajar en el desarrollo de su carisma. Cuanto más carismático actúe, más carismático se sentirá. Esto aumentará su autoestima, así como su confianza en sí mismo cuando interactúe con otras personas.
- **Persiga sus Dueños:** Una vez que se haya mejorado por dentro y por fuera, es hora de empezar a convertir sus sueños en realidad. Tómese un tiempo para decidir lo que quiere lograr. Si se trata de conseguir la mujer perfecta, obtener el trabajo perfecto, o alcanzar alguna otra ambición que cambie

su vida, haga de ello su propósito. Una vez que haya elegido su propósito, empiece a establecer metas sobre cómo alcanzar ese destino. Dese treinta días para concebir un destino y un plan sólido sobre cómo alcanzarlo. Use el método SMARTER para dividir su objetivo general en metas más pequeñas y alcanzables que puedan ser medidas y monitoreadas efectivamente. Ahora que ha desarrollado el corazón, la mente y la apariencia de un verdadero Macho Alfa, no hay ningún sueño fuera de su alcance. Ahora puede empezar a crear la vida que siempre ha querido, la vida de sus sueños.

# Conclusión

Ahora que ha leído este libro, tiene todo el conocimiento y las herramientas necesarias para comenzar su viaje para convertirse en un Macho Alfa. Desde la identificación y la superación de los elementos que le han robado su autoestima hasta el desarrollo de los hábitos necesarios para aumentar su sentido general de autoestima, ahora es capaz de transformarla en el vibrante y robusto sentimiento que solo se encuentra en un Macho Alfa. Además, siguiendo las comprobadas técnicas proporcionadas anteriormente, puede formar los hábitos que aumentarán su autoestima, dándole así el impulso y la ambición necesarios para perseguir y alcanzar sus objetivos. Finalmente, ahora tiene los métodos y las técnicas necesarias para establecer metas claras y alcanzables, las que le permitirán convertir sus sueños en realidad, dándole la habilidad de perseguir esos sueños de una manera realista y significativa. Ya sea que sueñe con conseguir el trabajo perfecto, atraer a la esposa perfecta o vivir una vida que lo haga sobresalir del resto, ahora tiene todo lo necesario para hacer realidad esos sueños. ¡La mejor de las suertes en su viaje para convertirse en un Macho Alfa y crear la vida exitosa que desea y merece!

# Fuentes

https://themighty.com/2018/10/low-self-esteem-habits/

https://www.telegraph.co.uk/health-fitness/living-with-erectile-dysfunction/why-men-lack-confidence/

https://guycounseling.com/men-destroy-self-esteem/

https://brightside.me/wonder-people/10-secret-fears-90-of-men-never-talk-about-386910/

https://goodmenproject.com/guy-talk/signs-of-an-insecure-man-cmtt/

https://goodmenproject.com/featured-content/19-men-reveal-what-their-biggest-insecurities-are-when-it-comes-to-dating/

https://www.youtube.com/watch?v=ZCvle-Loc50

https://www.devex.com/news/how-self-doubt-manifests-in-men-versus-women-92506,

https://www.realmenrealstyle.com/overcome-self-doubt/

https://www.youtube.com/watch?v=beg57qXMZTE

https://www.psychologytoday.com/us/blog/mind-your-body/201810/positive-body-image-in-men,

https://www.mirror-mirror.org/body-image-men.htm

https://www.huffingtonpost.co.uk/jessica-lovejoy/body-image-issues-in-men_b_5514957.html?

https://www.intechopen.com/books/weight-loss/men-s-body-image-the-effects-of-an-unhealthy-body-image-on-psychological-behavioral-and-cognitive-he

https://goodmenproject.com/featured-content/5-life-changing-habits-that-build-self-esteem-cmtt/

https://www.irreverentgent.com/self-confidence-for-men/

https://www.youtube.com/watch?v=s2aFCuzeab4

https://www.youtube.com/watch?v=SAXwtyl0MEs

https://www.youtube.com/watch?v=yMCHgxLyoRQ

https://www.youtube.com/watch?v=2c4Jz41IZmk,

https://understandingrelationships.com/women-prefer-alpha-males/35905,

https://www.youtube.com/watch?v=kFSAe7X8Nls

https://www.knowledgeformen.com/how-to-be-an-alpha-male/

https://www.youtube.com/watch?v=vFg20vvN5H4

https://www.youtube.com/watch?v=PzB92OQzKG4

http://chadhowsefitness.com/2012/10/stop-being-a-pussy-persist/

https://www.youtube.com/watch?v=QGvmAhcNRuU

https://www.youtube.com/watch?v=O7xuL7gAM5w

https://therationalmale.com/2011/10/12/frame/

http://oldschool-calisthenic.ro/alpha-male-look/

https://brobible.com/sports/article/building-alpha-male-physique/

https://www.youtube.com/watch?v=4fcxxeefmTk

https://www.youtube.com/watch?v=dqXZYDGORos

https://themaaximumlife.com/mental-toughness-is-the-key-to-becoming-a-manly-man/

https://theartofcharm.com/confidence/become-alpha-male-staying-gentleman/

https://get-a-wingman.com/alpha-male-body-language-hacks-that-instantly-boost-your-attractiveness/

https://www.youtube.com/watch?v=TPSsLb8HNoE

https://www.guysplaybook.com/alpha-males-have-clear-purpose/

https://www.artofmanliness.com/articles/30-days-to-a-better-man-day-1-define-your-core-values/

https://www.vibe.com/2019/06/masculinity-and-self-care-feature

https://goodmenproject.com/featured-content/7-better-self-care-tips-for-guys-wcz/

https://www.youtube.com/watch?v=kSVqu9uK1hw,

https://www.youtube.com/watch?v=XpKvs-apvOs,

https://productcoalition.com/how-to-hack-goal-setting-for-more-confidence-31ecdaa4deea, https://www.knowledgeformen.com/goal-setting/

https://www.thebabereport.com/6-reasons-why-women-love-dating-direct-men/

https://www.irreverentgent.com/how-to-look-more-handsome-and-attractive/

https://www.glidedesign.com/12-examples-of-persistence-paying-off/

1. Burton, K., & Platts, B. (2012). *Confidence for Dummies*. Wiley.

2. Schuster, S. (2018). *22 Habits of People with Low Self-Esteem*. The Mighty. Retrieved 11 February 2020, from https://themighty.com/2018/10/low-self-esteem-habits/.

3. Goldsmith, B. (2010). *100 Ways to Boost Your Self-confidence: Believe in Yourself and Others Will Too*. Career Press.

4. McGee, P. (2012). *Self-confidence: The Remarkable Truth of Why a Small Change Can Make a Big Difference*. Capstone.

5. Smith, E. (2018). *How Self-doubt Manifests in Men Versus Women*. Devex. Retrieved 12 February 2020

6. Pollack, B. (2019). *Male Body Image and Body Dissatisfaction.* Mirror Mirror Eating Disorder Help. Retrieved 13 February 2020, from https://www.mirror-mirror.org/body-image-men.htm.

7. Blumer, C. (1934). *Discipline and Self-Discipline. The Australian Quarterly, Vol. 6 (Issue 23)*, 116. Australian Institute of Policy and Science. Retrieved 13 February 2020, from, https://doi.org/10.2307/20629153.

8. Bale, C. (2016). *From Shy Guy to Ladies Man – Memoirs of a Male Seducer.* Ronlif Publishers.

www.ingramcontent.com/pod-product-compliance
Lightning Source LLC
Chambersburg PA
CBHW050509240426
43673CB00004B/163